JOHANNES LEHMANN

BADEN-WÜRTTEMBERG
kurios

Johannes Lehmann

BADEN-WÜRTTEMBERG *kurios*

40 skurrile Ausflugsziele

Silberburg-Verlag

DR. JOHANNES LEHMANN, geboren 1929 in Madras (Indien) als Sohn eines Missionars, studierte in Halle, Berlin und Edinburgh Publizistik, Philosophie, Theologie und Psychologie. Er bereiste die ganze Welt und arbeitete ab 1963 als Redakteur beim Süddeutschen Rundfunk in Stuttgart, wo er jahrzehntelang für Buch- und Literaturkritik zuständig war (»Bücherbar«). Daneben hat sich *Lehmann* als Autor erfolgreicher Sachbücher einen Namen gemacht.

1. Auflage 2010

Umschlaggestaltung:
Christoph Wöhler, Tübingen.

Bildnachweis:
Archiv Silberburg-Verlag: S. 22, 29, 36, 37, 46, 52, 55, 67, 81, 84, 85, 93, 94, 95, 96, 97, 99 (beide), 105, 106, 107, 110, 112, 114/115, 116, 122, 125 (beide), 126 (beide), 127, 128, 129, 133, 134, 135, 142, 143, 144, 145, 146, 157.
Rainer Fieselmann: S. 9, 31, 32, 39 (beide), 40, 43 (beide), 44, 69, 77, 78, 79, 86, 88, 108, 109, 111, 131, 132, 149.
Christine Wawra: S. 25, 27, 123, 124.
Manfred Grohe: S. 26, 82, 113.
Reiner Löbe/www.fotoloebe.de: S. 47, 48, 49.
Peter Sandbiller: S. 98, 103.
Frank Butzer: S. 76.
Christine Lehmann: S. 35.
Nils Schubert: S. 24.
Thomas Zörlein: S. 91.
Alle anderen Fotos: Dr. Johannes Lehmann.

Druck: Gulde-Druck, Tübingen.
Printed in Germany.

ISBN 978-3-87407-869-6

Inhalt

Nur dass wir uns verstehen

Es ist schon kurios, was manche für kurios halten. Aber glauben Sie mir: Jeder hat recht, denn eine präzise Definition, was kurios ist oder nicht, gibt es nicht.

Das Wort kurios selbst freilich hat einen klaren Ursprung: Es kommt vom lateinischen »curiositas«, das Neugier, Wissbegier bedeutet. Aber schon geraten wir damit leicht auf die schiefe Bahn. Einen wissbegierigen Menschen würden wir heute nie kurios nennen, wohl aber einen eher seltsamen und sonderbaren Typ.

Ein Lexikon probiert es so: »Das Wesen des Kuriosums besteht üblicherweise in der Verblüffung des Rezipienten, die durchaus ungewohnte oder überraschende Abweichung vom üblichen Verhaltensmuster oder Denkweise entsteht.« Oder noch einmal anders: »Ein Kuriosum löst Neugier aus oder befriedigt sie.«

Und solch ein Kuriosum kann alles mögliche sein: ein Gegenstand, ein Mensch, eine Idee – Hauptsache es weicht auf überraschende Weise von der Norm ab, ist skurril, makaber oder sonderbar.

Das sind dann die Kühe mit den zwei Köpfen aus dem Raritätenkabinett, der Mann mit dem Affenschwanz oder die siamesischen Zwillinge, die früher die Attraktion der Jahrmärkte bildeten, oder der

Schweiniges gibt es im neuen Stuttgarter Schweinemuseum.

Nägel, Nägel, Nägel im Löchgauer Nagelmuseum

»Flatologe« im Kabarett, der mit seinen Körperwinden »Alle meine Entchen« oder »Hänschen klein« intonierte.

Die Kuriosa, die das Schwabenland bietet sind anderer Art, wie das Inhaltsverzeichnis zeigt. Wo in aller Welt, außer hier im Ländle, kann man zum Beispiel aus mehr oder weniger seltsamen Ortsnamen vernünftige Sätze bilden wie: »Isny Süßen Kuchen in Mengen.«

Da gibt es nicht nur im Treppenhaus-Deckengemälde der Residenz Würzburg, sondern auch im Saal eines Schlosses im Rheintal einen Elefanten, dem die Ohren falsch herum angemalt sind, der also nach hinten hört. Da gibt es in Isny, und nicht nur da, einen Jesusknaben in goldenen Windeln, als ob Maria und Josef sich das je hätten leisten können; da sind in dem über hundert Meter langen Rundbogenfries der mittelalterlichen Barbarossakirche in Brenz an der Brenz nicht nur seltsame Tiergestalten, Muster und Figuren zu sehen, sondern da ist auch groß, klar und appetitlich eine gemeiselte Brezel – um nur drei Beispiele zu bringen, die hier bescheiden ohne eigenes Kapitel auskommen.

Nur noch eine Bemerkung: Ob wir jetzt wie im Sturm über das Land fegen und von West nach Ost – oder auch umgekehrt – die Kuriosa des Ländles Revue passieren lassen; ob wir sie alphabetisch auflisten und von A bis Z abarbeiten, oder ob wir versuchen, sie nach bestimmten Gesichtspunkten zusammenzufassen und im Rösselsprung über Land gehen – ich werde mich bis an mein Lebensende nicht entscheiden können, was besser ist und überlasse die Sache daher samt Begründung dem Verlag.

Es sei denn, sie suchen sich selber aus, was sie zuerst lesen wollen, das geht auch.

Die unanständige Concordia

Allein schon die Entstehungsgeschichte der Jubiläumssäule auf dem Stuttgarter Schlossplatz ist kurios, nicht erst die erschütternde Erkenntnis, die sich dem aufgeklärten Betrachter auch noch nach mehr als 150 Jahren beim Anblick dieses Kunstwerkes bietet.

Es hatte damit angefangen, dass im Jahre 1841 die Stände ihrem Landesherrn zu seinem 60. Geburtstag und gleichzeitig zu seinem 25. Regierungsjubiläum ein Denkmal schen-

■ **Blick auf den Stuttgarter Schlossplatz mit dem Corpus Delicti in der Mitte**

Die »unanständige« Concordia

ken wollten. So hatte der wackere Hofbaumeister Johann Michael Knapp immerhin schon im Jubiläumsjahr angefangen, erste Entwürfe für ein Denkmal zu zeichnen.

Einen fertigen Entwurf des renommierten Mode-Architekten Carl Alexander von Heideloff, der gerade Schloss Lichtenstein baute, hatte man nämlich als zu teuer abgelehnt. (Das hinderte die Preußen nicht, den Entwurf in reduzierter Form zu übernehmen und später als die berühmte Siegessäule in Berlin aufzustellen.)

Als man von den beginnenden Feierlichkeiten überrascht wurde, reichte es gerade zu einer Holzsäule, mit der die Untertanen ihren König Wilhelm I. feiern konnten.

Die Stände ließen sich freilich nicht lumpen, ließen zehn riesige Granitblöcke aus dem Schwarzwald herankarren und zu einer 30 Meter hohen Säule zusammenmeiseln. Fünf Jahre nach dem Fest wurde dieses Kunstwerk, so kahl wie es war, 1846 eingeweiht, denn noch hatte man nichts, was man oben auf die Säule draufstellen konnte.

Die Idee war selbstverständlich, die Säule mit einem Bildnis seiner Majestät höchstselbst zu krönen. Aber während man, immerhin sieben Jahre nach dem Jubiläum, immer noch in den schönsten Planungen war, kam die Revolution von

Von vorne betrachtet löst sich die ganze Sache in Wohlgefallen auf.

1848 dazwischen und man nahm doch lieber von der Idee Abstand, in solchen Zeiten ausgerechnet einen König auf den Sockel zu stellen. An die Stelle Wilhelms trat nun eine zeitgemäße Symbolfigur namens Concordia – die altrömische Göttin der Eintracht –, die Übereinstimmung zwischen Volk und König symbolisieren sollte.

Ludwig von Hofer, seines Zeichens württembergischer Hofbildhauer, machte sich an die Arbeit

■ **Impression vom Stuttgarter Schlossplatz**

und schuf eine fünf Meter hohe und 100 Zentner schwere Concordia. Und siehe da, kaum 23 Jahre nach dem Jubiläum und im stillen Wettlauf mit dem zunehmenden Alter des Monarchen, war aus einer schlichten Holzsäule allmählich eine Granitsäule und schließlich gar ein veritables Denkmal mit Figur oben drauf geworden, und heute noch kann man auf dem Sockel lesen: »Dem treuen Freund seines Volkes König Wilhelm dem Vielgeliebten widmen die Stände Württembergs dieses Denkmal zur Feier seines Regierungsjubiläums.«

Gut Ding will eben Weile haben.

Aber damit ist die Geschichte noch nicht zu Ende. War die Entstehungsgeschichte dieses Denkmals schon kurios, so ist es das Resultat nicht weniger. Ja, es ist geradezu skandalös. Denn was die Stände da feierlich gewidmet haben, grenzt ans Unanständige, um es dezent zu umschreiben.

Davon kann sich jeder selbst durch Augenschein überzeugen. Er braucht nur vom Schlossgarten her langsam auf die Königsstraße zuzugehen und ab und zu mal links durch die Kastanien zur Jubiläumssäule und der Concordia hochzusehen.

Unweigerlich kommt der Moment, wo er irritiert ist. Kann das sein? Darf das sein? Noch ein paar Schritte, und der Schrecken wird zur Gewissheit: Dieser Engel ist keine Frau, dieser Engel ist ein Mann. Wieder ein paar Schritt und noch ein furchtsamer Blick nach oben. Tatsächlich, ein Exhibitionist. Und es wächst, das Glied, mit jedem Schritt, den man weitergeht. Das darf doch nicht wahr sein. Und das soll, mitten im braven Schwaben,

eine Göttin der Eintracht sein, die da öffentlich alle fünfe von sich streckt? Und so ungeniert?

Wenn ich das probierte, keine fünf Minuten stünde ich so da auf dem Platz – und die hier steht seit fast 150 Jahren auf der Säule. Kein König hat sich darüber aufgeregt, kein Pietist; bei keinem unserer Ministerpräsidenten, auch die allesamt keine Revolutionäre, hat eine Alarmglocke geschrillt. Ja waren die denn alle blind und sittenlos, von uns einfachem Volk ganz abgesehen?

Erschüttert gehe ich weiter, wechsele die Richtung und stelle mich, um der Sache auch mal frontal ins Auge zu sehen, genau vor dieser unanständigen Concordia hin, statt wie bisher an ihrem Profil entlang zu laufen.

Kabarettreifer Zauber, jede moralische Entrüstung umsonst. Da oben steht auf einmal wieder eine sittsame, vollkommen geschlechtslose Dame in tadellosen griechischen

Fries samt Inschrift am Sockel der Jubiläumssäule

Gewändern, ein Vorbild für alle höheren Töchter, den Palmenzweig im linken Arm.

Was hab ich da bloß gesehen? Bekommt man vor dem Kunstgebäude Halluzinationen, die dann sofort wieder verschwinden, wenn man sich unters Volk begibt und der hehren Kunst einfach von vorn ins Auge sieht? Habe ich geträumt?

Ich gehe wieder zurück und wahrhaftig: Die Halluzination setzt wieder ein. Da ist er wieder, wächst an der richtigen Stelle und in richtiger Größe.

Ich kehre um, stehe wieder frontal vor der Dame, die im Profil eher maskulin wirkt. Hier ist alles in Ordnung. Es muss am Kunstgebäude liegen, diesem Sündenpfuhl. Oder an was sonst?

Ich werde den Teufel tun und Ihnen das verblüffende Geheimnis verraten, mit welch Mitteln und wie schnell Kunst zwischen Sittlichkeit und Unsittlichkeit hin und her wechseln kann. Gehen Sie selber hin und finden Sie es laufend heraus.

Moral war schon immer Sache des Standpunktes.

Die schöne Galatea

Es ist ein Brauch von alters her, dass man Statuen und Büsten möglichst nicht mit dem Gesicht zu Wand aufstellt. Zwar: Ein schöner Rücken kann auch entzücken; andererseits hat es aber gewisse Vorteile, wenn man gleich sieht, um wen es sich handelt und nicht erst durch ein Schild erfahren muss, dass man den Dichterfürsten Goethe gerade von hinten sieht. Oder dass die sechs erhobenen Arme, die eine lange gebogene Wurst durchkneten, den armen Laookon und seine beiden Söhne darstellen, wie sie gerade mit den Schlangen um ihr Leben kämpfen.

Es gibt auch kein Beispiel, dass in einer Kirche der Gekreuzigte von den Gläubigen abgewandt zum Fenster hinaussieht, während die Gemeinde die Rückseite eines

Die fast nackende Galatea wendet dem Stuttgarter Publikum den Allerwertesten zu.

Die aufwendige Brunnenanlage am Eugensplatz wird von der schönen Galatea bekrönt.

schlichten Holzkreuzes verehrt, dass über dem Altar aufragt.

Wer trotzdem ein solches Kunstwerk sehen will, das dem Betrachter schnöde den Rücken zukehrt, der muss schon nach Stuttgart kommen. Hier hatte sich Königin Olga, die herbeigeheiratete Zarentochter Olga Nikolajewna Romanowa, eines Tages entschlossen, nicht immer nur ihrem Drange zu folgen und Wohltätiges zu stiften oder Schulen für höhere Töchter zu gründen. Nein, dieses Mal wollte sie etwas für die Verschönerung der Stadt tun.

Sofort hatte daraufhin der Verein zur Förderung der Kunst im Jahre 1884 eine Sammelaktion ins Leben gerufen, einen Künstlerwettbewerb ausgeschrieben und kundgetan, die Gemahlin König Karls gedenke einen Brunnen zu stiften. Schließlich hat Stuttgart mit seinen 22 Millionen Litern Quellwasser täglich aus mehr als zweihundert Brunnen im Stadtgebiet nach Budapest das größte Mineralwasseraufkommen in Europa.

Da lag es nahe, aus der griechischen Mythologie die schönste der etwa fünfzig Meerjungfrauen, die »milchweiße« Galatea auszuwählen, die Tochter des greisen Meergottes Nereus und seiner Meerfrau Doris.

Aus dem Künstlerwettbewerb ging schließlich der Architekt und Bildhauer Otto Rieth hervor und fünf Jahre später, am 27. April 1890 wurde der aufwändigste Brunnen Stuttgarts eingeweiht, eine Riesenanlage, zwischen der Alexanderstraße im Tal und dem Eugensplatz auf halber Höhe. Ganze Wasserkaskaden rauschen da in Stufen zu Tal, oben imponierend gekrönt von der

Galatea die »Prachtärschige«

Nereide Galatea. Wer genügend Mut und Kraft und Puste hat, kann neben dem endlosen Wasserfall (wenn er nicht gerade abgestellt ist) die Staffel hinauf stapfen, so das Gesamtkunstwerk abschreiten und sich mehr oder weniger schnaufend der schönen Galatea nähern.

■ **Wasserspeiende Löwen zu Füßen von Galatea**

Freilich, von unten und gegen den hellen Himmel sieht der Kunstfreund hauptsächlich Sockel und eine stark verkürzte Meerjungfrau, so dass er sich auf den Moment freut, der Dame oben auf gleicher Augenhöhe zu begegnen. Doch das gelingt nicht. Die Dame steht so hart am Hang, dass man sie von vorn gar nicht und seitwärts nur über sich schwebend sieht.

So kommt es zu dem Kuriosum, dass man, endlich auf gleicher Höhe angekommen, das Kunstwerk nur von hinten genießen kann. Und das ist angesichts der gänzlich unverhüllten prallen und saftigen Körperformen eher eine Sache für gefestigte Charaktere.

Der Kunstgeschichtler kann das freilich dezent umschreiben und auf Aphrodite Kallipygos verweisen. Auch die Meerschaumgeborene Aphrodite hatte bekanntlich vollkommene Körperformen, wobei der griechische Beiname Kallipygos nur jenes Detail hervorhebt, das schon damals die Stuttgarter Untertanen erregte. Kallipygos heißt ganz einfach: »Die mit dem schönen Hintern.« Oder im Falle unserer Galatea vielleicht besser: die »Prachtärschige«. Die Vermutung, man könne sich bei einem gelegent-

Ein Kanaldeckel gibt Auskunft über die Geschichte des Galateabrunnens.

lichen Regenguss zum Schutz unter ihr ausladendes Gesäß stellen, trifft allerdings nicht zu.

Folgt man der schwäbischen Überlieferung, dann erregte allerdings weniger die freizügige Darstellung der Galatea die Gemüter der Untertanen als vielmehr die Tatsache, dass das Mädle, das dem Künstler Modell gestanden hatte, keine waschechte Stuttgarterin war sondern, man denke, eine Berliner Göre, ein Bäckermädchen.

Daraufhin soll die Monarchin angeboten haben, die Galatea einfach rumzudrehen, so dass ihr nackter Hintern den Talkessel überstrahlte und die Bürger endlich mal ihr Gesicht sähen. Wie man leicht überprüfen kann, war das Verlangen wohl nicht so dringend. So isch no au widder.

Die Seilbahn, die im Nichts endet

Die Stadt preist sie als historisches Bauwerk an, obwohl sie erst 1929, und damit als eine der letzten in Deutschland gebaut wurde, diese gute alte Standseilbahn. Sie hangelt sich auch heute noch vom Südheimer Platz im Stuttgarter Talkessel am Hang fast 90 Meter nach Degerloch empor, von 197 auf 383 Meter über Normalnull.

Das schafft die »Zacketse«, die ebenfalls vom Talkessel nach Deger-

Zwei hölzerene Waggons bedienen die Standseilbahn zum Waldfriedhof.

Links: Die Trasse der Standseilbahn führt mitten durch den Hangwald.
Rechts: Wagen 2 in der Bergstation am Waldfriedhof

loch fährt, genauso gut, wenn auch auf andere Weise. Sie dreht sich auf einer endlosen gezähnten Mittelschiene rauf und runter, Zacken auf Zacken, was ihr den Namen gab. (Nicht zu verwechseln mit der Hocketse, wo die Stuttgarter stadtteilweise auf Holzbänken sitzen und Viertele trinken.)

Das Skurrile ist nur, dass zwar beide Bahnen auch heute noch wie auf einer Himmelsleiter zwischen Talkessel und Degerloch auf- und absteigen, dass aber nur eine wirklich in Degerloch ankommt. Die Zacketse landet mitten in Degerloch, wo es sich am großstädtischsten vorkommt, oben, wo die Bundesstraße 27 zur Weinsteige wird und ein paar moderne Beton-Häuser stehen, wo Straßenbahnen, Busse und Zacketse einen Verkehrsknotenpunkt vortäuschen.

Die historische Standseilbahn dagegen endet damals wie heute weit außerhalb Degerlochs mitten im Wald, wo niemand wohnt, wo keine Straßenbahn und kein Bus

Der Stuttgarter Waldfriedhof lädt zu ausgedehnten Spaziergängen ein.

hinfährt. Dorthin also, wo nur Vögel, listig hoppelnde Häschen und die aus Kreuzworträtseln bekannten scheuen Waldtiere leben.

Wer sich da mit drei Metern pro Sekunde am 29 Millimeter dicken Seil emporziehen lässt, der sucht nicht Jubel, Trubel, Heiterkeit. Und in der Tat, die findet er dort auch nicht. Er steht nämlich mitten im Stuttgarter Waldfriedhof, wo auch Papa Heuß, unser erster Bundespräsident, in schöner und friedfertiger Umgebung seiner Auferstehung und Vergebung entgegen ruht, so wie im Dornhaldenfriedhof ein Stück hin das Schreckenspaar Bader-Meinhoff.

Ein öffentliches Verkehrsmittel, das im Nichts landet, halbwegs im Jenseits, das nur für die da ist, die hier in der Natur unter alten Bäumen Abschied nehmen, träumen und erinnern. Für Trauernde, also für Witwen, Waisen und …

Nicht umsonst haben die beiden Wagen, die sich am gemeinsamen Seil hängend aneinander vorbeiziehen, eigene Namen erhalten: nämlich Witwengondel oder auch Erbschleicherlift. Getreu der Erkundigung nach den beiden wichtigsten Ereignissen im Leben eines Schwaben: »Hentse scho g'erbt, hentse scho baut?«

Venustus und der Mithrasstein

Da war ich also sicher nun schon rund ein Dutzend Mal in Zwiefalten und dachte, ich kenne das Münster allmählich auswendig. Dieses lebensfrohe, beschwingte Rokoko mit dem elegischen Memento Mori der Kanzel voll Totenschädeln, Gerippen und Gebeinen. Diese Altäre mit ihrer Lust am Martyrium, wo nicht nur der obligate pfeilgespickte Stephanus dasteht, sondern auch der heilige Ernst, weiland als Edler von Steißlingen Abt von Zwiefalten. Ihm hat man auf dem Zweiten Kreuzzug 1148 bei Laodizäa in der Türkei das Gedärm aus dem Leib gezogen und wie einen Gartenschlauch um den benachbarten Baum gewickelt, woraufhin ihm ein Putto die Märtyrerpalme reicht.

Überhaupt diese Putten, ganze Scharen, ganze Armeen, überall

Der Zwiefalter Mithrasstein befindet sich auf einem Wiesenstück hinterm Kloster.

Die beeindruckende Klosteranlage in Zwiefalten

und in allen Formen und immer im besten Babyspeck, die den frommen Ernst ins Heitere ziehen und das Heilige verniedlichen, gleich, ob gemalt oder in Gips. Bis hin zu so bedenklichen Gestalten wie dem Erotenputto, der neben der Figur der Gottesliebe mit verbundenen Augen seine Pfeile abschießt. Himmlische Zustände, man staunt.

Und gegenüber der Kanzel natürlich der tausendfach fotografierte kleine pralle Babyputto im Helm, der eifrig das Schwert schwingend durch die Gegend flitzt. Dieser so genannte »Soldaten-Putto« stellt, wer würde das bezweifeln wollen, Nebukadnezar dar, den babylonischen König, wie er gerade Sedekias, den König von Juda – das ist die Putte mit dem Löwenfell – besiegt, um die Juden ins sprichwörtliche babylonische Exil zu führen.

Symbole, Allegorien, Heiligengeschichten und Legenden, wohin man sieht, ein scheinbares Durcheinander einer erzählfreudigen Zeit und doch ein wohlgeordnetes Programm, aus dem ich bisher nur einige Kuriosa herausgepickt habe.

Es lohnt sich aber, dieses wohldurchdachte »Programm« zu begreifen, wenn man erst einmal das großartige Ganze in Ruhe hat auf sich wirken lassen, dieses Zusammenspiel von Form und Farbe, von Fresko und Stuck, von verschiedenen Künstlern geschaffen und doch wie aus einem Guss.

Nützlich ist da der in der Kirche zum Kauf ausliegende Führer »Münster Zwiefalten – Kirche der ehemaligen Reichsabtei« von Karl Heinz Schömig, in dem sich auch jenes versteckte Detail findet, von dem ich jetzt erzählen will.

Wir finden es am leichtesten, wenn wir beim Eintritt gleich unter der Orgelempore stehen bleiben und zu dem großen ovalen Deckengemälde im Langhaus empor sehen. Es ist der Mutter Maria gewidmet, die gerade dabei ist, den heiligen Benedikt mit einem Lichtstrahl zu segnen, der sich, wie beim Pfingstwunder, in den kleinen Flämmchen fortsetzt, die darunter auf den Köpfen der Heiligen und Ordensgründer züngeln. Rund um diese Himmelsszene sind verschiedene Wallfahrtsorte Mariens abgebildet.

Was wir jetzt entdecken müssen, befindet sich auf der Höhe der flämmchengeschmückten Heiligen, genauer sogar noch ein Stück darunter, links in der Rundung des Gemäldes. Es wird Zeit, den Feldstecher zu justieren. Dort sehen wir nun einen hellbraunen steinernen Sockel, der seinerseits wiederum rechts von einer elegant geschwungenen Kirchenfront steht. Mit einiger Phantasie erkennen wir darin sogar tatsächlich die Außenfront des Zwiefaltener Münsters – auch einem der Wallfahrtsorte Mariens. Wir sind da, so weit, so gut.

Aber was machen wir mit dem Sockel, von dem rechts ein Mann mit einem Seil einen seltsamen, unheimlichen Kopf herabzieht, während links ein anderer mit einem monströsen Hammer zum Schlag ausholt?

Auch hier gilt die Regel: Man sieht nur, was man weiß. Aber was wissen wir? Sie machen's einem hier nicht leicht. Wenn überhaupt, dann wird nur lapidar erklärt, dass dies der Mithras-Stein von Zwiefalten ist und dass mit Hammer und Seil der Götze gerade gestürzt wird.

Erbarmen: Das Deckenfresko wurde 1751 von einem Joseph Spiegler gemalt, Mithras ist ein uralter persischer Kult, der die Sonne verehrte und den die Römer zwischen einhundert und zweihundert nach Christus nach Süddeutschland importierten. Die Vorgängerkirche des barocken

Der beschriebene »Götzensturz« auf dem riesigen Deckenfresko von Joseph Spiegler

Münsters wurde aber erst 800 Jahre später gebaut, als der Mithraskult längst ausgestorben war. Wo soll es da einen Zusammenhang geben?

Die Lösung steht im wahrsten Sinne des Wortes außerhalb des Münsters auf einer Wiese. Wir müssen dazu das Münster verlassen, uns nach links wenden und die Hauptstraße an der Brauerei vorbei ein Stück hinunterlaufen. Die Grünfläche ist neben dem Haus Nummer 36, und siehe da, rechts hinten in der Ecke, vor der alten Wehrmauer, völlig unbeachtet, steht das Original aus dem Deckenfresko, wenn auch nicht so pompös und beige. (Es ist allerdings nur eine Replik des echten Zwiefaltener Mithrassteins, das kostbare Original steht als Objekt Nr. 34 im Landesmuseum Württemberg in Stuttgart – immerhin.)

Auf diesem Weihestein hat vor nunmehr fast 1900 Jahren ein gewisser Valerius Venustus, seines Zeichens zuständiger Statthalter der römischen Provinz Rätien (grob das Gebiet zwischen Lorch und Bodensee ostwärts) versprochen, einen offenbar bereits vorhandenen Mithrastempel »von grundauf wiederherzustellen«.

Lateinisch sieht das dann so aus (wobei in Klammern immer die Buchstaben beigefügt sind, die jeder Lateiner automatisch den Platz und Meisel-Arbeit sparenden Wortkürzeln hinzufügte:

DEO INVICTO SOLI TEMPLUM A SOLO RESTITUIT VALERIUS VENUSTUS, V(ir) P(erfectissimus), P(raeses) P(rovinciae) R(aetiae). SICUTI VOTO AC MENTE CONCEPERAT, REDDITUS SANITATI V(otum) S(olvit) L(aetus) L(ibens) M(erito)

»Dem unbesiegbaren Sonnengott [=Mithras] hat den Tempel von Grund auf wiederherstellen lassen: Valerius Venustus, ritterlichen Ranges, Statthalter der Provinz Rätien. So wie er es in Gelübde und Gedanken sich vorgenommen, hat er, nachdem er seine Gesundheit wiedererlangte, sein Gelübde eingelöst froh freudig und nach Gebühr.«

Im Gegensatz zu dem Weihestein, sozusagen dem Bauauftrag, ist von dem eigentlichen Mithrastempel in Zwiefalten nichts erhalten. Aus den wenigen anderen Funden im Lande können wir schließen, dass es halb in der Erde liegende Gebäude von etwa 15 mal fünf Meter Grundfläche waren, in denen in einem Geheimkult der Sonnengott verehrt wurde. Im Mittelpunkt des Kults stand die Tötung eines Stieres durch einen jungen Gott und sie diente der Förderung des Lebens und der Erlösung.

Ähnlichkeiten mit dem sich gerade ausbreitenden Christentum

Die Klosterkirche prunkt mit einer eindrucksvoll geschwungenen Fassade.

waren nicht zu übersehen. So war es denn auch kein Zufall, dass man im Römischen Reich als Geburtsdatum Christi die Nacht vom 24. zum 25. Dezember festlegte, weil an diesem Tag die Mithrasanhänger die Wiedergeburt des »unbesiegbaren Sonnengottes« feierten. Schließlich feierten die Mithrasanhänger auch eine Art Abendmahl mit Wein und Brot und kannten so etwas wie eine Taufe.

Es war guter alter christlicher Brauch, heidnische Stätten mit einem Kreuz zu christianisieren, so wie das Kolosseum in Rom, oder auf Kultstätten eine christliche Kirche zu bauen. So mag unter dem Münster einst ein Mithrastempel gestanden haben. Was aber machte man mit Weihesteinen wie dem von Valerius Venustus? Ganz einfach: Man neutralisierte sie, indem man sie beispielsweise im Hochaltar vermauerte. So geschah es in Zwiefalten, bis man den Weihestein später in der Apsis entsorgte (und heute auf einer Wiese hinter dem Kloster in die Ecke stellt).

Als man 1738 die alte, aber noch völlig intakte romanische Kirche abriss, um das barocke Münster zu bauen, kam der fatale Weihestein wieder zum Vorschein und wurde so dem Maler des Deckenfreskos zum anschaulichen Vorbild des überwundenen Heidentums, auch wenn sich Modell und Gemälde nur bedingt ähneln.

05 DENKENDORF

Klein-Jerusalem in Schwaben

Man muss Denkendorf nicht kennen. Und doch galt dieses Landstädtchen, südlich von Esslingen direkt an der Autobahn A 8, jahrhundertelang als »Klein-Jerusalem«, ein Wallfahrtsort, den Kaiser Barbarossa im Jahr 1181 in den so genannten Königsschutz genommen hatte.

Angefangen hatte es damit, dass Ritter Berthold, Herr und Besitzer des Fleckens Denkendorf, mit seiner edlen und schönen Gemahlin Luitgarden »keine Kinder erzeuget« hatte, wie eine alte Chronik berichtet, und »dass er daher zu dem Heiligen Grabe ins gelobte Land verreyßt« sei, um »daselbst von wegen sein und seiner Voreltern Seelenheyl« die Kirche in Denkendorf dem Heiligen Grab als Stiftung zu übergeben. Hierauf habe »der Patriarch Warimundus zu Jerusalem ihm einige Stücke von dem Heiligen Grab und Holz des heiligen Kreuzes geschenket, annebst aber auch ihm einen Probst, Conradum, zugesellet und ermahnet, ein Kloster zu bauen, so auch zur Ehre des Heiligen Grabes nach der Regul Augustini geschehen.«

So hatte der Orden vom Heiligen Grab plötzlich um 1120 in Denkendorf ein Kloster, und so kommt es, dass das Wappen von Denkendorf bis heute aus dem Patriarchenkreuz von Jerusalem besteht, das man an den doppelten Querbalken erkennt.

Um 1200 wurde die bisherige Kirche zu klein, und man begann eine neue, heute noch so erhaltene Kirche zu bauen. Es ist eine jener ernsten, in sich stimmigen, wuchtigen und doch nicht beängstigenden romanischen Dorfkirchen, wie man sie hier in der Gegend findet.

Das alles wäre allein noch kein Grund, in das Dorf des Grundherrn Danko, sprich Denkendorf, zu fahren, wenn da nicht die Krypta wäre. Üblicherweise ist eine Krypta entsprechend dem Wortsinn, ein dunkler, verborgener Raum und, weil sie sich meist unter dem Altarraum befindet, ein Gelass mit meist niedriger Decke. Hier in Denkendorf liegt die Krypta 23 Stufen unter dem Kirchenboden und ist dabei so hoch, dass der Altarraum darüber noch einmal sieben Stufen über dem Kirchenschiff liegt.

Die zweite Besonderheit ist das spitzbogige Tonnengewölbe der Krypta, das innerhalb der rein romanischen Kirche die Gotik voraus nimmt. Und schließlich: Mitten in der kirchenartigen Krypta erinnert ein Grabschacht an die Jerusalemer Grabeskirche mit dem Grab Christi. Nun hätte man nicht erst nach Jerusalem zu pilgern brauchen, um solch ein offenes Grabloch nachzuempfinden, das auch noch derartig kurz ist.

Wie dem auch immer sei: Hier haben jedenfalls die Chorherren des Klosters, die Brüder des Ordens vom Heiligen Grab in Jerusalem, ihre Gottesdienste so abgehalten, wie sie es aus dem Orient gewohnt waren.

Zentrum in der Denkendorfer Krypta ist das leere Grab Christi.

■ **Fresken und Skulpturenschmuck am Fenster der Denkendorfer Krypta**

Dreihundert Jahre lang war die Kirche eine beliebte Wallfahrtsstätte, deren Besuch sogar einer Reise ins Heilige Land gleichkam. Wer hier, besonders am Karfreitag betete, bekam denselben Ablass wie beim Gebet in Jerusalem. Wie groß der Pilgerstrom war, konnte man bis vor kurzem an der vollkommen ausgetretenen Grabumrandung sehen. Jeder hat einmal ehrfürchtig hinab gesehen, obwohl da nichts zu sehen war. Inzwischen wurde der Sandsteinrand erneuert.

Traditionen aber bleiben. Auch wenn der Kreuzzugsgedanke längst passé ist, auch wenn das Kloster aufgelöst und die Kirche längst evangelisch ist: Noch heute werden die Gottesdienste am Ostermorgen am leeren Grab in dieser Krypta gefeiert und nicht oben im großen Kirchenschiff …

Und erst jetzt, wenn man den Blick hebt und wenn man sich in der Krypta umsieht, merkt man, dass sie kein einziges christliches Symbol, keine christliche Figur und kein Kreuz enthält. Stattdessen entdeckt man an den Kapitellen mythische Tiere und Pflanzenornamente, verschlungene Leiber, offene Mäuler, Krallen, Magisch-Unheimliches – wie in St. Johannis in Schwäbisch Gmünd. Was für eine andere Welt.

Man hat die Besonderheit dieser Kirche aber noch immer nicht voll erfasst, wenn jetzt nicht noch außerhalb der Kirche, und zwar da, wo der Parkplatz ist, links vom Chor die Treppen hinuntersteigt, um die Ostseite der Kirche zu sehen. (Und dann die 87 Stufen wieder hinaufsteigt, weil man zu spät merkt, dass man auch mit dem Auto hätte hinunterfahren können.)

Unten entdeckt man nämlich, dass die Kirche mit dem Chor einfach über den Hang hinausgebaut worden ist, um für die hohe Krypta Platz zu gewinnen. Zu diesem Zwecke hat man vom Tal aus die Ostmauer in Kirchenschiff-Breite nach oben gezogen: erst kommen Meter um Meter Blindmauer, dann, hoch in der Luft ein romanisches Fenster: die Krypta; darüber zwei romanische Fenster und eine Rosette: der Altarraum des Kirchenschiffs; und ganz oben, gemütlich wie ein Bauernhaus, mit Fachwerkbau und zwei Fenstern mit Holzläden, der Dachboden (oder auch Bühne, wie es hierzulande heißt), darüber das Walmdach. Das Übliche ist das jedenfalls nicht.

Und da man nur sieht, was man weiß, noch ein Schmankerl: Als die Maurer mit ihrer Ostmauer oben am Altarraum ankamen, mussten sie feststellen, dass die Mauer zu breit geraten war. Auf der Südseite (also von innen gesehen rechts vom Altar) passte die Außenwand des Kirchenschiffs über der Krypta nicht mit dem Chorabschluss zusammen. Wenn man im Kirchenschiff steht, sieht man das auch: Der letzte Bogen im Chor und der rechte Pfeiler dazu verschwinden rechts aus dem Blickfeld. (Die anderen Unregelmäßigkeiten im Grundriss rühren daher, dass man den Vorgängerbau mit der jetzigen Kirche an bestimmten Stellen, beispielsweise am Turm, kombiniert hat.)

In Denkendorf ist die Krypta kurioserweise über der Erde (unteres Fenster).

Wenn's nicht um Klein-Jerusalem ginge, würde ich es ja nicht erwähnen: Ausgerechnet dieses Kloster mit dem Grab Christi war nach langen Jahren als Evangelische Klosterschule von 1838 bis 1905 schlicht und einfach Senf- und Likörfabrik. Um 1948 kaufte die Evangelische Landeskirche die Klostergebäude und nutzt sie seitdem als landeskirchliche Fortbildungsstätte und als Pastoralkolleg.

06 LINDAU

Wo Predigten noch eine Wende um 180 Grad bedeuten

Man kann aus hundert Gründen nach Lindau fahren, durchs Städtchen bummeln, in der Fußgängerzone in den Cafés sitzen und gegen das Schlankheitsgebot sündigen. Man kann am Seeufer promenieren und quer übers Wasser ins Ausland gucken, und wenns bloß das vorarlbergische ist. Man kann sonst was tun. Aber eins tut man nicht: Man kommt nicht nach Lindau, um nun partout die evangelische Stadtkirche St. Stephan zu besichtigen, deren Anfänge bis ins Jahr 1180 zurückgehen und die sich heute als helle, rokoko-verzierte Halle darbietet.

Wenn da nicht mitten im Kirchenschiff an einem Pfeiler eine Kanzel klebte und vorn unauffällig ein Kreuz stünde, man könnte das Ganze mit seiner leicht gewölbten Decke für einen Wartesaal gehobener Provenienz halten. Keine Heiligenfigur, kein frommes Bild, nichts, aber auch gar nichts legt beim ersten Hinsehen den Gedanken an eine Stadtpfarrkirche nahe. Genau hierhin und an diese Stelle will ich Sie locken, und das gleich aus drei Gründen.

Schon wenn man auf dem Marktplatz vor der Kirche steht, kann man das erste Kuriosum entdecken, wenn man nur hinguckt (Ich habe es zum Beispiel glattweg übersehen). Da ist, knipsgeeignet hinter dem Neptunbrunnen, die Westfassade der Kirche mit dem Portal und den drei gestuften hohen gotischen Fenstern darüber, links und rechts von heiter geschwungenen barocken Dachgiebeln gerahmt, hinter denen saftig und satt der barocke Zwiebelturm thront. Die Fassade ist etwas kahl wie dann auch die Kirche innen, aber ein Bild wird immer daraus.

Die Kirchenbänke mit den klappbaren Rückenlehnen in der Lindauer Stadtkirche St. Stephan

Auf diesem Bild entdeckt man dann zuhause, was man an Ort und Stelle schon deswegen nicht gesehen hat, weil es da nicht hingehört. Oder kennt jemand eine Kirchenfassade mit einem schmiedeeisernen Balkon wie bei einem Rathaus, wo die Honoratioren heraustreten und sich huldvoll dem Volke zeigen? Hier vielleicht der Pfarrer, um das Gottesvolk hereinzubitten oder nachher dessen Dank winkend entgegenzunehmen?

Die evangelische Stadtpfarrkirche St. Stephan in Lindau am Bodensee jedenfalls schmückt sich ungewöhnlicher Weise mit solch einem bürgerlichen Balkon und schmiedeeisernem Gitter. Kuriosum Nummer eins.

Kuriosum Nummer zwei. Auch das kann man leicht übersehen. Es befindet sich im Kirchenschiff, da, wo links und rechts vom Mittelgang nicht nur wochentags die trostlos leeren Bänke stehen.

Nun ist das ja in Kirchen mit der Kanzel mitten im Schiff ein Vorteil, wenn die Kirche nicht gefüllt ist. Denn in einer vollen Kirche würde etwa ein Viertel des Gottesvolkes praktisch zwischen Kanzel und Altarraum sitzen, den Pfarrer also während der Predigt gar nicht sehen, weil er oben hinter ihnen thront.

Bei Katholiken mag es ja noch angehen, weil da die Predigt nicht derart im Mittelpunkt des Gottesdienstes steht, sondern die Handlung vor dem Altar viel größeren Raum einnimmt. Die Zwölf-Minuten-Predigt kann ein Katholik seinen Pfarrer auch mal nur als Stimme über sich aushalten. Aber ein Evangele? Drei-

Die Außenfassade von St. Stephan in Lindau wartet mit einem respektablen Balkon auf.

ßig Minuten Gottes Wort von hinten oben? Und das seit 1528, der Einführung der Reformation?

Wozu dieser Exkurs? Weil er zur Entdeckung des zweiten Kuriosums führt. Eines Tages hat hier in Lindau der Geist geweht und eine Lösung gefunden, die die Deutsche Bundesbahn erst viel später gemacht hat, als sie ihrer Kundschaft in Großraumwagen garantieren konnte, immer in Fahrtrichtung zu sitzen, ganz gleich, ob der Zug vorwärts oder rückwärts fährt.

Auch bei den Bänken, die in der evangelischen Stadtpfarrkirche St. Stephan in Lindau am Bodensee zwischen Kanzel und Altarraum stehen – und da wieder nur auf der einen Hälfte des Kirchenschiffs direkt unter der Kanzel – kann man nämlich die Lehnen umklappen, so dass man mal zum Altar zu sitzt und mal auf die Orgel guckt.

Das muss man sich mal vorstellen. Wenn der Pfarrer am Altar fertig ist, bedächtig quer durch das Schiff schreitet und würdevoll die steilen Stufen zur Kanzel empor klimmt, steht ein Viertel des Gottesvolkes auf, klappt die Lehne nach vorn, so dass die Bank nach der andere Seite geöffnet ist. Man selber dreht sich nun um und setzt sich seinerseits auf die Bank, auf der man eben noch den Rücken des Vordermannes gesehen hat. Der Altarraum verschwindet und schon schwebt der Pfarrer vor einem oben in seinem Gehäuse.

Nach dem Amen eine halbe Stunde später die gleiche Turnübung, nur umgekehrt. Aufstehen, Lehne zurückklappen, umdrehen und auf die gegenüberstehende Bank setzten, deren Lehne nun nach der anderen Seite zeigt. Die Orgel und die Kanzel verschwindet, der Altarraum ist wieder da.

Die nächste Kuriosität in der Kirche ist Jesus mit Glatze. Das mittelalterliche Kruzifix im nördlichen Seitenschiff, das vermutlich aus Italien stammt, zeigt den Sohn Gottes jedenfalls glatt rasiert und mit Glatze, ein etwas gewöhnungsbedürftiger Anblick. Das mittelalterliche Original mit Perücke und Backenbart aus echtem Haar dürfte uns freilich nicht weniger befremdlich vorgekommen sein.

Da kann man ja auch gleich die Sixtinische Madonna mit echten Dauerwellen verschönern und die Mona Lisa mit 4711 einreiben.

Man staunt jedenfalls, was so ein harmlos freundliches Städtchen wie Lindau am Bodensee alles an Kuriosem zu bieten hat. Ich bitte daher um Verständnis, wenn ich eine dritte Kuriosität jetzt ein wenig herunterspiele, um den Ort nicht unnötig in den Ruch des Snobismus zu bringen.

Daher will ich nur im Vorbeigehen – und das ist wörtlich gemeint – auf das Schokoladegässle aufmerksam machen. Es liegt, wie die Stadtkirche, am Marktplatz und zeichnet sich dadurch aus, dass man es leicht übersieht. Jedenfalls ist es so schmal, dass ein Falstaff darin steckenbleiben würde und dass nur zwei Wohlstandsbürger im Spaghetti-Format unbeschädigt aneinander vorbeikämen.

Ich kann das Schokoladegässle hier aber auch deshalb als Kuriosität auslassen, weil es im Vergleich zu einer ähnlichen Gasse in Reutlingen wie eine breite Allee wirkt. In Reutlingen haben wirklich nur ausgehungerte Asketen wie Suppenkasper am sechsten Tag eine Chance, lebend die andere Seite zu erreichen.

Im Querschiff der evangelischen Stadtkirche St. Stephan hängt ein gekreuzigter Christus mit Glatze.

07 GRÜNSFELD-HAUSEN, OBERWITTIGHAUSEN, STANDORF

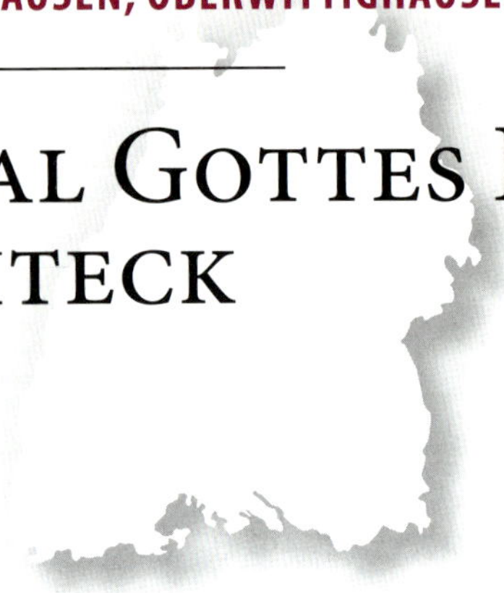

Dreimal Gottes Lob im Achteck

Wir machen uns jetzt auf die Suche nach drei kleinen Kirchen von so eigenwilliger Architektur, dass sie allein schon den Umstand wert sind, zu diesem Zwecke auch einen Ort wie Standorf zu finden, der mit seinen 49 Einwohnern nicht auf jeder Autokarte verzeichnet ist.

Zur Einübung begeben wir uns ins schöne Taubertal und halten in der Nähe der Autobahnausfahrt Tauberbischofsheim nach einen Schild »Grünsfeld« Ausschau. Am Ende von Grünsfeld macht ein Schild »Grünsfeld-Hausen« Hoffnung, nun auch die Achatiuskapelle zu finden, und in der Tat, in Grünsfeld-Hausen biegt man links über die Brücke ab und steht davor.

Es ist schon kurios: halb in der Erde verschwunden sieht man nebeneinander zwei verschieden große achteckige Kapellen, zwischen denen als Verbindung ein (natürlich achteckiger) Turm aufragt, der aparterweise nach oben hin nicht schlanker, sondern dicker wird.

Die Kapelle ist eine der drei noch erhaltenen Oktogonbauten, die hier in enger Nachbarschaft, aber nirgendwo sonst im Lande, in staufischer Zeit erbaut wurden. Da sie unmittelbar neben einem Bachlauf in einem Kessel liegt, war sie im Laufe der Jahrhunderte vom Geröll der Hochwasser dermaßen zugeschüttet worden, dass man sie Anfang 1900 regelrecht vier Meter tief ausgraben musste.

Geht man hinein, begreift man die Konstruktion: Das größere Achteck ist der Kirchenraum für die Gemeinde, das kleine Oktogon der Altarraum. Beide sind durch eine niedrige Tonne verbunden,

In der Achatiuskapelle in Grünsfeld-Hausen ist aber auch alles achteckig.

die durch den dazwischenstehenden Turm hindurchführt. Auf diese Weise entsteht ein geradezu heimeliger Eindruck der Geborgenheit, weil beide Räume mit ihren deutlich erkennbaren acht Wandflächen jeweils auf ihre Mitte hin konzentriert sind.

Bevor wir uns hier weiter umsehen, wollen wir aber erst einmal die anderen Kapellen kennenlernen und vergleichen.

Unser nächstes achteckiges Ziel ist die Sigismundkapelle in Oberwittighausen. Es ist der nächste Ort, wenn man die Straße weiterfährt, die man nach Grünsfeld-Hausen gekommen ist. Jetzt nur noch vor dem Bahnhof die Straße links hoch, und oben auf freier Höhe steht neben einer riesigen alten Linde die Kapelle, wieder zwei eng ineinander gebaute Achtecke, nur dass diesmal der Turm wie bei einer Kaffeemühle als Dachreiter aus der Mitte des größeren Oktogons ragt.

Natürlich erwartet man, da die Konstruktion ähnlich ist, beim Betreten auch einen ähnlichen Eindruck wie in Grünsfeld-Hausen. Aber nichts dergleichen: in der Mitte des achteckigen Raumes steht der Kirchturm, bis auf den Boden hin-

Achteckiger Dachreiter auf achteckigem Kirchenraum: Die Sigismundkapelle in Oberwittighausen ist ein echter Hingucker.

untergewachsen, aber auf seinen vier Seiten durch Bögen geöffnet, so dass der Kirchturm wie ein Baldachin über der Raummitte steht, durch den man bis auf den Altar blicken kann. Hier ist nicht der Turm der Kirche wegen da, hier ist die Kirche offenbar wie eine Wabe um den Turm herumgebaut.

Man hat nun schon gedacht, dass diese merkwürdige und sperrige Konstruktion nachträglich entstanden sein könnte, zum Beispiel, wenn das Dach zu schwach gewesen wäre, den Turm als Dachreiter zu halten. Nicht umsonst ist der Turm in Grünsfeld-Hausen ja auch nicht auf dem großen Oktogon, sondern steht sicher und für sich zwischen den Räumen auf dem Boden. (Und bei der nächsten Oktogonkirche sind die Türme auch ganz normal außen am Chor).

Es gibt aber ein Indiz, dass die Konstruktion von Anfang an so gemeint war: In der meterdicken Wand des Oktogons geht, wie in einem Schauerroman, ein geheimer Stufengang nach oben, um dort über eine Brücke im Turm zu landen. (Der wohl verschlossene Eingang dazu ist innen links von der Eingangstür.) Diesen Gang hätte man so nicht nachträglich ins Gemäuer einbauen können und wohl auch nicht einzubauen brauchen. In Grünsfeld-Hausen ist der Zugang zum Turm oberhalb der Durchgangstonne zwischen den beiden Achtecken durch eine Leiter erreichbar.

Mit anderen Worten: Wenn der Turm so betont bis in den Kirchenraum hinein das Zentrum markiert, dürfte das Absicht gewesen sein.

Sehen wir uns nun die dritte polygonale Kirche in Standorf an, bevor wir uns darüber weiter Gedanken machen. Nehmen wir also an, Sie hätten schließlich in dieser menschenleeren Landschaft und auf unbezeichneten Feldwegen irgendwo zwischen Creglingen und Weikersheim dieses Dorf gefunden (vielleicht hilft Ihnen, wenn schon nicht der Navigator, dann meine Suchanleitung), hätten dann noch im Ort mit wachem Pioniergeist sofort begriffen, dass das Schildchen mit dem auf eine Kirche gemalten Schlüssel und der Zahl 6 bedeuten, dass Sie im Bauernhof mit der Hausnummer 6 eben diesen samt einem Herrn Wagner finden, der Ihnen sachkundig weiterhilft, dann stehen Sie bald oben auf dem Berg vor der Ulrichskapelle, der dritten Achteckkirche, auch wenn die Form auf den ersten Blick nicht so ins Auge fällt wie bei den beiden anderen.

Entscheidend ist, dass auch hier im Innern das Zentrum des Polygons betont ist: Mitten in der Kirche ragt auf einem Steinsockel eine tausend Jahre alte Eichensäule bis unters Dach, die somit zweihundert Jahre älter ist als die Kirche selbst. Sie hat keine Stützfunktion – was soll sie also da?

Wir gehen jetzt in Gedanken noch einmal zurück zur ersten Achteckkirche in Grünsfeldhausen. Auch dort stand bis zum Jahr 1919 in der Mitte des großen Oktogons ein mannshoher, selbstverständlich achteckiger, aus Steinquadern errichteter Sockel, auf dem einmal eine Säule gestanden haben soll. Die katholische Kirche war für die Entfernung des störenden »Heidensteins«, der Restaurator für eine vorherige baugeschichtliche Prüfung, während die Bauern der Umgebung bereits Fakten schufen: In der Nacht zum 1. Mai, der Walpurgisnacht des Jahres 1919, schleppten sie den »Heidenaltar« und den Säulenstumpf mit Gewalt aus der Kirche, während andere schnell das Brunnenloch verstopften, das darunter zum Vorschein kam. (Der Steinsockel steht heute noch vor der Kirche, auf ihm thront inzwischen die Mutter Gottes ...)

Und nun ist kein Halten mehr: Quellenheiligtum sagen die einen, germanische Irminsäule, jene hölzerne Weltsäule, die den Himmel stützt, raunen die anderen, und wer irgend kann, sagt beides und nickt bedeutungsschwer.

Kirchen also, die Jahrhunderte später noch Heidnisches verehren wie die Irminsäule, die Karl der Große schon 772 demonstrativ zerstört hatte? Dann doch wohl eher Quellenheiligtümer, gar noch mit besonders gesundem »rechtsdrehenden Wasser«, wie Rutengänger ehrfürchtig feststellten, die auch in der Mitte der Standorfschen Kapelle eine Quelle orteten, die allerdings erst unterhalb der Kirche ans Tageslicht kam? Oder warum sonst war Standorf eine Pilgerkirche mit zwei Türmen und einer Außenkanzel für die Volksmassen?

Aber was machen wir mit Oberwittighausen, wo gar nichts sprudelt und mit Grünsfeldhausen, wo der höher liegende Bach die Quelle von vornherein ersetzt hätte? Wozu aber dann unsere winzigen, einigermaßen feierlichen Oktogonkirchen? Die Kapelle Karls des Großen in Aachen ist seit 1200 Jahren Musterbeispiel und Vorbild einer solchen achteckigen Kapelle, wie sie im elsässischen Ottmarsheim vom Grafen von Egisheim nachgebaut und im Jahr 1049 vom Papst Leo IX. geweiht worden war. Denken wir auch an das berühmte Jagdschloss, das sich der Stauferkaiser Friedrich II. in Italien bauen ließ – ein riesiger Oktogonbau. Die Burg der mit den Staufern verwandten Stadt Egisheim hat ebenfalls einen achteckigen Grundriss. Ist der Oktogonbau also Kennzeichen von Würde, Amt und Macht, wie sie die Staufer hatten?

Aber nein, diese Achteckkirchen sind Bauten, »die so recht den Geist der Kreuzfahrerzeit heraufbeschwören«, behaupten die anderen; denn »Kreuzfahrer wollten mit diesen architektonischen Kleinodien ›Nachbildungen des Heiligen Grabes‹ in die Heimat bauen.«

Das klingt gut, ist aber barer Unsinn, denn die Grabeskirche ist alles andere als ein Oktogon. Solche Kleinigkeiten dürfen einen aber nicht stören, denn »was nachgebildet werden sollte, war der geistige Raum, in den der Kreuzfahrer eintrat, wenn er an das Ziel seiner Pilgerschaft gelangt war. Die Hochspannung der Glaubenskraft und des Jünglingsenthusiasmus, die aus der Sphäre des Volksgenius in ihre Seelen hineinzündete, versetzte die Kreuzfahrer in eine solche über sich hinausgehobene Seelenstimmung ...« Das ist erst recht blanker Unsinn, und wenn es dann mit dem »geistigen Gralstempel« weitergeht, ahnt man die Richtung.

Dass man das Polygon so oder so aus der Fremde mitgebracht hat, wo es beispielsweise als Baptisterium diente, klingt dagegen vergleichsweise recht vernünftig. Im Kloster Comburg bei Schwäbisch Hall finden wir aus der gleichen Zeit eine

Links: Freskengeschmückte Bögen in Oberwittighausen
Rechts: Auch in der Ulrichskapelle in Standorf geht es polygonal zu.

Sechseck-Kapelle, ohne dass man auch bei ihr den ursprünglichen Verwendungszweck kennt. Nur: Warum dieser Aufwand in den letzten, kleinen Dörfern und nicht in Worms, Mainz oder Köln?

Dabei ist es doch ganz einfach: Es waren Riesen, die die Kapellen erbaut haben. In ihren Schürzen schleppten sie die schweren Steine herbei, und jedes Mal, wenn sie mit einer Kapelle fertig waren, warfen sie den Hammer weg. Und da, wo der Hammer zu Boden fiel, bauten sie die nächste Kapelle ... Und der Beweis: Beim Pflügen hatte ein Bauer die Rippe eines Riesen gefunden. Aber es war, wie auch sonst in solchen Fällen, ein Mammutzahn.

Man sieht, wie schwer es ist, plausible Erklärungen und Begründungen zu finden. Altes Quellheiligtum, Irminsäule, Heiliges Grab und »Kreuzfahrer« und in jedem Falle »Staufer« oder »Stauferzeit« – was daran erklärt die architektonische Besonderheit und die Tatsache, dass es hier, und nirgendwo anders, solche Kirchen gibt?

In aller Vorsicht möchte ich daher die mögliche Erklärung anbieten, die ich in einer Beschreibung der Achatiuskapelle in Grünsfeld-Hausen fand: »Am wahrscheinlichsten ist es, dass die Kapelle ... als Gedächtniskirche entstanden ist für die vom Kreuzzug nicht mehr zurückgekehrten Angehörigen der Grafen von Rieneck und der Herren von Zimmern, die durch die Heirat von Sigebodos Tochter mit Gerhard III. von Rieneck miteinander verbunden waren.«

Der heilige Achatius würde sogar in die gleiche Richtung weisen: Er war ein typischer Kreuzzugsheiliger, den die Adligen als Teilnehmer des dritten und vierten Kreuzzugs anzurufen pflegten. Und jetzt bekäme der ominöse »Heidenstein« sogar einen neuen, christlichen Sinn: Im Gedenken an die Grabeskirche in Jerusalem habe man diese achteckige Säule als so genannte Anastasis, als Erinnerung an Höllenfahrt und Auferstehung Christi, mitten in die Kirche gesetzt.

Und wofür waren dann die anderen Kapellen? In Standorf werden Sie zum Beispiel erfahren, dass die Kapelle angeblich zeitweise zur Aufbewahrung einer Reliquie diente, die wir heute als »Turiner Grabtuch« kennen. Andere glauben, die Kapelle gehe auf ein Versprechen des Konrad von Hohenlohe zurück, der mit Kaiser Friedrich II. am Kreuzzug 1228/29 teilgenommen und derartige Achteckbauten in Unteritalien kennengelernt habe.

Die Stiftung als Dank für Bewahrung, als Ersatz für eine Kreuzfahrt, als Erinnerung an Tote – wer kann es heute sagen ...

So reizvoll all die Deutungsversuche sind: Nehmen wir die Kapellen als das, was sie schließlich sind: kleine Kirchen, geprägt vom Geist der Stau-

Im Standorfer Vieleck haben sogar die Kirchenbänke einen Knick.

ferzeit. Und das heißt: In der Achatiuskapelle in Grünsfeldhausen besehe man sich im Altarraum (Lichtschalter rechts) die uralten verwaschenen Fresken, einen jugendlichen Jesus als Weltenrichter, dazu, neben anderen Figuren, eine Maria als Himmelskönigin mit byzantinischer Kaiserkrone, Lilienzepter und Heiligenschein, alles zusammen in der byzantinischen Ikonographie und Tradition.

Man besehe sich, wenn man die Kapelle in Oberwittighausen betritt, das in deutscher drastischer Tradition gemalte Jüngste Gericht über dem Bogen des Turmvierecks. Und man betrachte außen die Steinarbeiten über und ums Portal – ungefüge, unerklärlich, bäuerlich und ohne jedes erkennbare Konzept, was nicht nur daran liegt, dass die Steine nach der Zerstörung im Dreißigjährigen Krieg offenbar wieder willkürlich zusammengesetzt wurden.

Das alles ist die Welt der Staufer, wie wir sie kennen, hier zusammengebracht mit einer fremden, südländischen Architektur-Form und – möglicherweise – mit altem, nordisch-heidnischem Gedankengut eines hammerwerfenden Donar, eine Weltensäule, der das Gewölbe trägt, und Heiliger Quellen.

Für uns Erdenwallende noch einige weltliche Hinweise:

1) Die Kapelle in Grünsfeld-Hausen ist tagsüber geöffnet.

2) Oberwittighausen – Sigismundkapelle. Den Schlüssel für die Kapelle bekommt man schräg gegenüber bei: Ingrid Seubert, Kapellenweg 13, 97957 Wittighausen, Telefon (0 93 47) 4 23.

3) Standorf – Ulrichskapelle. Schlüssel und Führung: Kurt Wagner, Standorf 6, 97990 Weikersheim, Telefon (0 79 33) 2 00 76. Vorsichtshalber vorher versichern, dass die Ulrichskapelle tatsächlich auch besichtigt werden kann: Im Sommer 2008 war sie jedenfalls geschlossen, weil die Kirchenverantwortlichen mit esoterischen Umtrieben von Wünschelrutengängern, Pendlern und Heilern auf dem Kirchengelände nicht einverstanden waren. (Der Ort ist eingezeichnet in Kartenwerken ab 1:250 000, also z. B. Deutsche Generalkarte, Maßstab 1:200 000 oder ADAC-Straßenatlas 1:250 000.

Falls Sie in Creglingen keinen ausgeschilderten Weg finden: ab Herrgottskapelle Creglingen Richtung Niederstetten bergauf, links auf Halbhöhe Fabrikgebäude, danach rechts bei Abzweig einbiegen. Ohne Schild den Feldweg am Waldrand in ähnlicher Richtung talwärts zurück. Unten nach links, dort Ortsschild Standorf. Also: Der Ort liegt 4 bis 5 Kilometer südwestlich von Creglingen neben einem Ort namens Oberndorf.

Kanonenrohre im Altarraum

Der über und über reich gestaltete Innenraum der Pfullendorfer Jakobskirche

Jetzt zieht es uns etwa 20 Kilometer nördlich des Bodensees in die Moränenlandschaft des Linzgau und da in genau 654 Metern Höhe über Normalnull an die Wasserscheide zwischen Rhein und Donau. Hier liegt, einst nur Gott und dem Kaiser untertan, eine ehedem freie Reichsstadt, die der Menschheit heute unter der Bezeichnung »SC Pfullendorf« bekannt ist.

Es ist ein liebenswertes Städtchen, dem man die alte Geschichte noch auf Schritt und Tritt ansieht. Ein Muss ist zum Beispiel das »Alte Haus« aus dem Jahr 1317. Es ist, in alemannischer Hochständerbauweise errichtet, immerhin das älteste erhaltene Fachwerkhaus Süddeutschlands. Andacht, Foto.

Und so geht das weiter durch die Geschichte. Das mittelalterliche Alte Spital, Andacht, knips, das Renaissance-Rathaus, Andacht, knips – und so die Straßen rauf und runter und rund um die Stadtpfarrkirche St. Jakob, einer gotischen Pfeilerbasilika aus den Jahren 1480/81, die zuletzt 1750 barockisiert wurde.

In diese Kirche wollen wir. Nicht, weil hier auf einer Tafel zu lesen steht »In dieser Kirche predigte am 30. 8. 1929 Papst Pius XII. als Nuntius Eugenio Pacelli und erteilte den päpstlichen Segen«. Obwohl, es würde schon fast als Skurrilität ausreichen, dass hier ein Mann offenbar schon als Papst predigte und den päpstlichen Segen erteilte, der überhaupt erst zehn Jahre später zum Papst gewählt wurde. (Warum dann nicht entsprechend: »Papst Benedikt XVI. kritisierte 1968 als Professor in seinem Buch »Einführung in das Christentum«, dass die Kirche zu stark von Rom kontrolliert sei ...« – Ratzinger ist erst seit 2005 Papst.)

Nein, was uns hier erheitern kann, ist der Eifer eines jungen Mannes, seine Aufgabe so gut wie möglich zu erfüllen. Es begann damit, dass man vor mehr als 250 Jahren wieder einmal das Bedürfnis hatte, die Kirche zeitgemäß zu verschönen. Man beauftragte den Wessobrunner Stukkateur Johann Georg Graf, der sich ans Werk machte, Kirchenschiff und Kirchenchor mit spätbarockem Laubzierrat, Bandelwerk und Mu-

Neben Kriegsfahnen, Trompeten und Köchern voller Pfeile prangen auch Kanonenrohre.

schelornamenten zu verschönen. Dass man ihm aber mitten in der Arbeit kündigte, lag dann weniger an seiner fehlender Kunstfertigkeit als an der Tatsache, dass sich seine Gesellen immer wieder betranken und sich die Pfullendorfer so in ihrer Nachtruhe gestört fühlten.

Man suchte einen neuen Stukkateur und fand den Vorarlberger Johann Jakob Schwarzmann, der die

■ **Pausbäckige Putten bevölkern die Pfullendorfer Deckengewölbe.**

Arbeiten schon nach kurzer Zeit im Jahr 1751 zu Ende brachte – eine wahre Pracht, die man noch heute vor allem im Chorraum und am Triumphbogen bewundern kann. Der Jammer ist nur, dass man bei all dem barocken Stuck gar nicht mehr genau hinsieht. Das quillt und wölkt und flattert nur so rund um fette Putten und bizarre Gemälde, da kommt es auf ein Flammenbündel, Gipsgehänge oder Relief gar nicht mehr an. Darum jetzt und hier ausdrücklich und ernstlich: hinsetzen, durchatmen, das Fernrohr klarmachen und das unglaubliche Durcheinander genießen, das sich an der Decke des Altarraumes darbietet!

Dieser Johann Jakob Schwarzmann aus dem Vorarlberger Schnifis war ja nicht unbegabt. Die Sache hat Schwung und Rhythmus, Saft und Kraft, das ist Barock, wie man ihn gern vorführt. Nur: Dieser Herr Johann Jakob Schwarzmann aus Vorarlberg war mit seinen gerade eben 21 Jahren vielleicht doch noch etwas jung. Was an Schwung vorhanden war, fehlte vielleicht etwas am Plan zum Ganzen. Und so bestellte und richtete er her, was ihm einfiel und was man ihm anbot, ganz gleich, ob fromm oder profan, und so, wie es gerade kam, klebte er es in die Wölbung des Altarraumes.

Links oben zum Beispiel beginnt der geistliche Reigen mit einem Springbrunnen, dann kommt ein Baldachin mit einer Blumenvase und, wer hätte das jetzt nicht vermisst, die ottonische Reichskrone. Auf der gegenüberliegenden Seite schwebt über der Reichsstadt Pfullendorf eine Königskrone, dann kommt wieder ein Blumenbaldachin. Es folgt ein Wasserfall mit einer goldumstrahlten Marienbüste.

Damit ist der geistliche Stuck aber noch längst nicht erschöpft. Zwischen Efeuranken, Agavenbüschen und Ölzweigen entdeckt man Trompeten, Pauken, Kanonenrohre und Pfeile, neben Goldquasten wehen Kriegsfahnen und wahrhaftige Drachen schweben neben Puttenköpfen. Im Altarbogen erkennt man die päpstlichen Symbole – Kreuz, Tiara, Mitra, Stab und Schlüssel. Kurz: Es lohnt sich, das Arrangement auf sich wirken zu lassen.

Das Frömmste ist freilich das Kuppelfresko über dem Hochaltar. Da steckt ein Engel einer vornehmen Dame einen goldenen Ring auf den Finger. Das ist aber nicht, wie man denken und hoffen könnte, Mutter Maria, sondern die Verkörperung der Stadt Pfullendorf, die gerade mit dem Himmel vermählt wird – was will man mehr.

Im Stuck der Jakobskirche findet sich ein ausgewachsener Springbrunnen.

Ein Karree Hundertwasser und Tomis Toilette

Ungerer-Toilette und Hundertwasser-Turm in Plochingen auf einen Blick

Plochingen, dieses harmlos freundliche Städtchen am Neckar, ist – nicht nur im Schwabenländle – die einzige Stadt weit und breit, die ein öffentliches Klo als Touristenattraktion bietet. Es sei denn, man rechnet das 2000 Jahre alte römische Klo in Rottenburg dazu, wo man in Reihe gemütlich schwätzend nebeneinandersaß und sein Geschäft erledigte. Im Gegensatz zur hochmodernen Plochinger Bedürfnisanstalt, die mehr für Individualisten eingerichtet ist. Doch davon später.

Denn wenn schon, denn schon: Plochingen hat längst ein anderes architektonisches Juwel in seinen Mauern, das wir zuerst vorstellen wollen. Es ist allerdings nur eine simple Wohnanlage. Aber wer sie sieht, kennt sofort den Architekten und nennt seinen Namen.

Es ist natürlich Friedrich Stowasser aus Wien. Als dieser etwas eigenwillige Künstler in den Fünfzigerjahren Russisch lernte, fiel ihm auf, dass sein Name eine russische Zahl enthielt, und schon war sein Künstlername geboren. Er übersetzte das »Sto« ins Deutsche und hieß auf einmal Hundertwasser.

Mit dem Vornamen ging es ähnlich. Als man in China seinen Vornamen Friedrich schreiben wollte, ging das phonetisch nur mit den Zeichen für Frieden und reich – und schon war Friedensreich Hundertwasser geboren, ein skurriler, narreter Künstler, der verrückte Bilder malte und seltsame Häuser baute, überraschende Ansichten hatte und zu Vorträgen schon mal nackt ans Podium trat.

Seine künstlerischen Prinzipien hatte er in seinem sogenannten »Verschimmelungsmanifest gegen den Rationalismus in der Architektur« niedergelegt. Hier ein paar Zitate: »Jede moderne Architektur, bei der das Lineal oder der Zirkel auch nur eine Sekunde lang – und wenn auch nur in Gedanken – eine Rolle gespielt hat, ist zu verwerfen. Gar nicht zu reden von der Entwurfs-, Reißbrett- und Modellarbeit, die nicht nur krankhaft steril, sondern widersinnig geworden ist. Die gerade Linie ist gottlos und unmoralisch.«

Rosarote Klobrillen bilden die wichtigsten Gestaltungselemente der Plochinger Ungerer-Bedürfnisanstalt.

Die Folgen sind klar: »Verbrecherisch ist auch die Benützung des Lineals in der Architektur, das, wie leicht zu beweisen ist, als Instrument des Zerfalls der architektonischen Dreieinigkeit anzusehen ist. Schon das Beisichtragen einer geraden Linie müsste, zumindest moralisch, verboten werden. Das Lineal ist das Symbol des neuen Analphabetismus. Das Lineal ist das Symptom der neuen Krankheit des Zerfalls. Wir leben in einem Chaos der geraden Linien …«

■ **Die ursprünglich vorgesehene »Arschkuppel« wurde nicht realisiert.**

Das bedeutet schlicht und einfach: »Der Architekt, wie wir ihn heute kennen, hat nur das Recht, unbewohnbare Architekturen zu bauen, falls er überhaupt dazu fähig ist. Bewohnbare Architekturen zu bauen, unterliegt nicht seiner Kompetenz, und dies muss ihm entschieden verwehrt werden, wie man auch notorische Giftmischer und Massenausrotter nicht frei hantieren lässt. Denn die jetzt vielgepriesene architektonische Vorplanung von Wohnstätten ist nichts anderes als gelenkter Massenmord durch vorsätzliche Sterilisierung. Es genügt ein Gang durch eine europäische Stadt, besonders aber durch ein neuerbautes Stadtviertel, um diese erschütternde Anklage für jedermann beweiskräftig zu machen.«

Doch Hundertwasser zeigt auch Auswege: »Nur eine Idee von beispielgebenden gesunden Architekturen der Jetztzeit:

Die Elendsviertel, die sogenannten Schandflecke jeder Stadt (Slums, Taudis, Quartiere in Salubres).

Die Bauernhäuser und Häuser der Primitiven, falls sie jetzt noch wie früher mit den Händen geformt werden.

Die Schrebergartenhäuser der Arbeiter.

Die Wandbearbeitungen in Klosetts …«

Das Wundersame: Seitdem reißen sich die Städte darum, einen solchen Hundertwasser vorweisen zu können, einen dieser bunt verspielten Gebäudekomplexe, die so unverwechselbar sind, die nicht durch Funktionalität brillieren, sondern eher durch kindliche Manierismen hervorstechen. Wie unter die rund 15 deutschen Städte mit einem echten Hundertwasser nun auch das kleine Plochingen geraten ist, hat dabei seine eigene Geschichte.

Es begann mit zwei Plochinger Architekten, die 1985 den Bau eines großen Wohn- und Geschäftshauses planten. Auf 1,5 Hektar Fläche sollte eine Art Ringbau entstehen, der nach außen vorhandenen Straßenzügen folgte und innen einen Innenhof bildete. 1990, als die Sache endlich baugenehmigungsreif war, kam auf einmal die Idee auf, diesen Innenhof besonders attraktiv zu gestalten. Man hörte sich um und das Wunder geschah: Den Stadtvätern gelang es, 1992 Kontakt zu Hundertwasser zu bekommen, und Hundertwasser sagte zu. Ihn reizte es, dass der Betrachter dieses Innenhofes »nur noch Hundertwasser um sich und den Himmel über sich« habe, also eine lupenreine Hundertwasserwelt beträte. Das war bei keinem seiner bisher Bauwerke der Fall und für ihn neu. So entstand bis 1994 für rund 60 Millionen Mark Hundertwassers farbige Märchenwelt mit dem von vier goldenen Kugeln gekrönten 33 Meter hohen

Fast wie in einem kuriosen Märchen fühlt man sich im Innenhof des Hundertwasser-Wohnareals.

Regenturm, der zum Wahrzeichen der Stadt wurde.

Sehen wir uns also eine echte Hundertwasserwelt an und lassen sie auf uns wirken, folgen den Linien und Farben, eine psychedelische Welt für Nüchterne. Es ist, als wenn man in einem Buch plötzlich ein paar Zeilen rückwärts lesen müsste und – auch könnte. Auch wenn man nicht das ganze Hundertwasser-Areal knipsend durchlaufen kann – es ist so angelegt, dass Besucher und Bewohner beide zu ihrem Recht kommen, der Anwohner zu seiner Balkonruhe, der Tourist zu seinen Eindrücken.

Aber das ist ja nicht alles, was das Städtchen zu bieten hat – wir kommen jetzt zur öffentlichen Bedürfnisanstalt. Schon lange hatte Bürgermeister Eugen Beck die Idee, die öffentliche Toilette »aus dem Hinterhof« zu holen und für dringende Fälle ein öffentliches Pissoir in der Fußgängerzone zu errichten. Dieses Ansinnen aber war am Protest der Anwohner gescheitert.

Vielleicht musste man da nur einen bekannten Künstler engagieren, um die Bürgerschaft gewogen zu machen? Das vollkommen unbekannte neuseeländische Nest Kawakawa war ja auch auf einmal zum Touristenmagnet geworden, weil Friedensreich Hundertwasser dort in seinem Stil ein öffentliches Klo gebaut hatte. Sich einmal in einem echten Hundertwasser erleichtern …

Kurzum: Es gelang Plochingen, den elsässischen Karikaturisten Tomi Ungerer zu interessieren, der sofort davon träumte, dass die Hälfte der deutschen Nation mal in Plochingen auf die Toilette gehen würde. Ende November 2006 reichte er den ersten Entwurf ein und der Skandal war da. Der 75-jährige Ungerer hatte sich zwar vom indischen Tadsch Mahal inspirieren lassen, hatte aber statt der Kuppel ein riesiges rosa Gesäß auf den Würfel gesetzt und so unversehens den »Tadsch ma Arsch« kreiert.

»Übung macht den Meister« sollte als Spruchband über dem Eingang stehen, ein Fries aus grünen Klobrillen sollte die Wände zieren und ein schmales Wasserbecken rund um das Gebäude laufen. Und schon hatte Tomi Ungerer Visionen: »Ich sehe ganze Familien, die vor dem großen Arsch anstehen.« Mehr noch: Plochingen würde mit dem »Größten Arsch der Welt« unweigerlich ins Guinnessbuch der Rekorde kommen.

Aber auch wenn der Künstler den Bürgermeister noch so sehr als echten »Po«-litiker lobte – was Tomi Ungerer am 17. September 2007 dann tatsächlich feierlich in Plo-

Der mit goldenen Kugeln gekrönte Regenturm gibt dem Hundertwasser-Komplex den Namen: Unter dem Regenturm.

chingen enthüllte, taugte nicht mehr fürs Buch der Rekorde und war nur noch ein schwacher Abglanz versuchter Verruchtheit.

Das war der Tadsch Mahal ohne Kuppel, weil islamische Mitbürger Anstoß daran genommen hatten, dass Ungerers himmelwärts gereckter Hintern eine ungute Persiflage auf die im Orient übliche Rundkuppel über Moscheen und Grabmälern muslimischer Heiliger sei. Stattdessen also nur ein rosa Viereck von Klosettdeckeln rund um die Dachkanten, denn, so Tom Ungerer: »Ich will Satiriker, aber kein Beleidiger sein.«

Und doch. Ein Kuriosum ist dieser WC-Tempel in Sichtweite der Hundertwasserschen Anlage allemal: Wo in aller Welt werden schon Toiletten feierlich vom Künstler enthüllt, vom Bürgermeister eröffnet und von Besucherscharen unter Gelächter eingeweiht.

10 SCHORNDORF

Zwischen Hirnriss und Flaschenmond oder sieben arabische Kanaldeckel

Dass wir jetzt nur wenige Kilometer von Plochingen entfernt schon wieder Station machen, hat seinen Grund in dem eigenartigen Phänomen, das man auch in Reihensiedlungen beobachten kann. Sie kennen das: Da ist die Straße hinunter eine endlose Front absolut gleicher Hauseingänge aus dem schlichten Baukastensystem der Siedlungsgesellschaft. Aber dann, plötzlich und unvermutet, donnert da eine Eingangsfront ins Auge wie aus Fafners altdeutscher Schmiede: schieres Schmiedeeisen, getrieben, gewuchtet und in Formen gebracht, gegen die auch König Etzel und seine Hunnen vergeblich angerannt wären.

Und nur ein paar Meter später, links oder rechts daneben, aber dann nie wieder, das Gleiche noch einmal, nur noch schöner, noch kostbarer und noch teurer. Es ist der edle oder auch verbissene nachbarliche Wettkampf um das Besondere, das Einmalige. Ob sie sich nun kennen, mögen oder hassen, ist dabei vollkommen gleichgültig; was der hat, kann ich auch, was der schön findet, fand ich schon immer umwerfend; da kann man nichts ändern, die röhrenden Hirsche im Wald wissen warum.

Da hat sich doch dieses Plochingen in seinem Größenwahn und in aufwändigen Aktionen mit dem verrückten Hundertwasser und dem verspielten Tomi-Ungerer-Klo geschmückt, während Schorndorf mit seinem allmählich entstandenen »Skulpturenrundgang« den leiseren Weg gegangen ist. 36 Skulpturen sind es im Lauf der Zeit geworden, 36 Unikate schwäbischer oder echt ausländischer Künstler, die, über die

■ **Der Mondscheinbrunnen bei der Schorndorfer Stadtkirche …**

Stadt verteilt zum Nachdenken, verwundern und Ärgern anregen.

Da ist, bei der Stadtkirche in der Gottlieb-Daimler-Straße, der unglaubliche Mondscheinbrunnen, dieses skurrile Ensemble divergierender Elemente, das einen in seinen Bann zieht, je länger man vergeblich zu verstehen sucht. Allein was für ein Kopf, dem man seitwärts durch die Nasenflügel gucken kann wie durch ein drittes Nasenloch. Was für eine zweckfreie Kombination von Flasche, gekrönt von einem wuchtigen

■ **... und der »Hirnriss« auf dem Oberen Marktplatz**

Viertel eines Kürbis, der auch ein Fußball gewesen sein könnte oder eben ein Mond, dem tropfenden Segel und irgendwo dazwischen ebenjener Kopf. So was hätte Hundertwasser erst mal einfallen müssen.

Oder das empörende Kunstwerk auf dem Oberen Marktplatz, das aus nichts weiter besteht als aus einem übermannshohen viereckigen Steinblock, auf der einen Seite glatt geschliffen, auf der anderen roh gebrochen. Aus, das wars. Oder nein, jetzt kommt ja erst noch die Kunst. Mitten durch diesen ungestalteten Block geht ein Ritz, von unten nach oben, aber nicht bis ganz hinauf. Jetzt, Leute, angestrengt nachdenken, denn was wir hier für teures Geld vor uns haben, ist »ein Denkmal im Wortsinn«.

Ganz klar: »Es handelt sich um eine Stele, durch die von unten nach oben aufsteigend eine Sägespur verläuft. In den Stein einschneidend dringt die Säge fortschreitend vor. Sie zerstört den Stein. Sie wird auch, wenn sie weiter vordringt, sich selbst vernichten, nämlich dann, wenn der Stein auseinanderbricht.« Was Kunst nicht alles ausdrücken kann.

Leider scheinen die Schorndorfer für dieses Art Kunstwerk aber noch nicht das volle Verständnis entwickelt zu haben. Ich wage das daraus abzuleiten, dass sie das Kunstwerk nicht, wie amtlich vorgesehen, den »Fortschnittsschritt« nennen, sondern etwas vereinfachend den »Hirnriss«.

Ich könnte jetzt behaupten, zumindest diese beiden Kunstwerke seien ähnliche Kuriosa im Range der Hundertwasserschen inzwischen zur Stereotype verewigten Manierismen und ich hätte (schwäbisch besser korrekt »häbe«) Schorndorfs kuriosen Anteil hiermit abgehandelt. Das hieße Schorndorf unterschätzen.

Ich weiß, jetzt kommen die Leute, die eine andere Schorndorfer Kuriosität vorlegen, die man sonst weltweit nur in der belebten Joh.-Phil.-Palm-Straße zu Schorndorf findet: Kanaldeckel oder auch Gullys, auf denen die Geschäfte der Straße ihre

Überall stößt man auf gusseiserne Werbe-Gullydeckel.

Schorndorfer Kanaldeckel werben für örtliche Fachgeschäfte …

Werbung untergebracht haben. Pass auf, wo du hintrittst und du weißt, wann dein Friseur auf hat. Aber auch das hieße noch, Schorndorf unterschätzen.

Schondorfs eigentliche exotische Kuriosität liegt zwar auch parterre, ist aber noch einen Dreh unabhängiger als ein noch so eigenartiges Kunstwerk oder eine eigenwillige Abart der Werbung. Wir verdanken ihre Entdeckung dem ehemaligen Leiter des Marbacher Literaturarchivs Ulrich Ott, einem orts- und fachfremden Mann also, der vor ein paar Jahren an der Stadtkirche entlanglief, den Blick sinnierend auf den Boden gerichtet, denn sonst hätte er nicht entdeckt, was die halbe Menschheit bisher übersehen und wortwörtlich übergangen hatte: Mitten im Remstal auf der Straße arabische Buchstaben und englische Texte, nahezu unvergänglich in Eisen gegossen. Ein arabischer Gully an der deutschen Fachwerkstraße, und nicht nur einer, gleich eine ganze Serie um die Stadtkirche herum im Pflaster verteilt.

Dass sie vom Gusswerk Kaiserslautern geprägt und gegossen sind, ist dabei kein Geheimnis, das steht deutlich am Rande der Kanaldeckel. Aber auch die Stadtverwaltung steht vor einem Rätsel, wann und wie diese Gullys hierhergekommen sind, statt, wie deren englische und arabische Texte deutlich machen, eigentlich im Wüstensand eines arabischen Landes zu liegen.

So unauffällig diese Kuriosität nun einmal ist – die Alhambra in Spanien zum Beispiel macht etwas mehr her – nehmen wir sie in ihrer Einmaligkeit als einen Hauch von Orient im Schwabenländle und träumen von fliegenden Gullys rund um Schorndorf …

Und wer da noch musikalisch von Erna Sack, der »deutschen Nachtigall« träumen will, dem verhilft das Cafe Schreyer unversehens zu einem überraschenden und unvergesslichen Erlebnis. Weil der Großvater des Inhabers dieser Konditorei ein großer Verehrer dieser Kammersängerin mit der extremen Sopranstimme war, die ohne Schwierigkeiten das viergestrichene »C« erreichte, hatte er seitdem eigens eine durch eingetragenes Warenzeichen geschützte »Erna-Sack-Torte« kreiert, die seitdem, also seit rund 80 Jahren, unermüdlich hergestellt wird.

Wer würde es da wagen, dieser Erna-Sack-Gedächtnis-Torte als Krönung aus dem Wege zu gehen? Tipp unter Freunden: Man nimmt dazu ganz einfach gleich am Marktplatz in der Johannes-Philipp-Palm-Straße mit dem Blick auf diverse Reklame-Gullys Platz, und genießt, über die Baiser-Torte hinweg vom Hirnriss bis hinüber zum verrückten Mondscheinbrunnen und den arabischen Gullies noch einmal das Stadtbild.

... und bringen arabische Weisheiten in den öffentlichen Raum.

11 **TIEFENBRONN**

Der Herrenslip im Kirchenbild

Die Überschrift klingt aufreizend skandalös, aber wer daraufhin nach Tiefenbronn fährt, dieser unauffälligen kleinen Ortschaft etwa zwölf Kilometer südöstlich von Pforzheim, der wird seine Schwierigkeiten haben, den tanga-ähnlichen Slip auch nur zu entdecken, selbst wenn er in der Kirche St. Magdalena davorsteht.

Warum das so ist, ist selbst eine Geschichte wert, die man von zwei anscheinend völlig verschiedenen Ausgangspunkten her erklären kann. Die eine Erklärung beginnt mit der Feststellung, dass die Kunsthistoriker konstant und ausdauernd ein bestimmtes Detail auf dem Bild weder erwähnen noch erklären.

Dieser Magdalenenaltar befindet sich übrigens nicht auf dem Altar im Chorraum, sondern, im Fachchinesisch, »an der östlichen Stirnwand des südlichen Seitenschiffs«, also, wenn man die Kirche betritt, an der Wand rechts vom Chorraum und rechts von einem Fresko noch im Kirchenschiff.

Dort steht auf einem Sockel das Altarbild in Form eines gotischen, rot umrahmten Spitzbogens, in dem ganz oben die biblische Geschichte erzählt wird, wie Maria Magdalena, »die große Sünderin«, Jesus bei einer Mahlzeit mit ihren Tränen die Füße wäscht und mit ihrem Haar trocknet.

Auf den drei Bildern darunter werden dagegen Dinge erzählt, die nicht in der Bibel stehen: Links sieht man ein Schiff auf dem Wasser, rechts blickt man in eine Kirche und auf dem mittleren Bild sitzen unten drei Personen unter einem Vordach, darüber ist ein Schlafzimmer mit drei Personen: einem schlafenden

Mann, einer nackten Frau und einer Frau mit Heiligenschein.

Diese Szenen finden ihre Erklärung, wenn man die »Legenda Aurea« liest, die mittelalterliche Sammlung von Heiligenlegenden. Da wird ausführlich beschrieben, wie diese Maria Magdalena, der Jesus ihre Sünden vergeben hatte und die ihm bis unters Kreuz nachgefolgt war, von den »Heiden«, also den Juden, die nicht zur christlichen Gemeinde gehörten, später »zusammen mit mehreren anderen Christen in einem steuerlosen Schiff auf dem Meer ausgesetzt wurden, wo sie alle ertrinken sollten. Durch göttliche Fügung gelangten sie aber nach Massilia [Marseille].« Das ist das linke Bild.

Die Legenda Aurea erzählt dann weiter, was wir auf dem mittleren Bild sehen können: »Dort [also in Marseille] fanden sie niemanden, der ihnen Unterschlupf gewähren wollte. Und so blieben sie in der Vorhalle eines heidnischen Tempels«, auf dem Bild als Vordach gemalt.

Was die Legende dann weitererzählt, können wir über diesem Vordach weiterverfolgen. Durch vier große Fenster blicken wir offenbar in ein Schlafzimmer, wo Magdalena, kenntlich am Heiligenschein, gerade der Frau des Fürsten erscheint: »Magdalena erschien der Frau des Fürsten im Traum und sprach zu ihr: ›Weshalb lasst Ihr es zu, dass die Heiligen Gottes von Hunger und Kälte bedrängt werden, während Ihr im Reichtum lebt?‹ Sie drohte ihr, dass der Zorn des allmächtigen Gottes über sie käme, wenn sie nicht ihren Gatten dazu überredete, den Heiligen zu helfen. Die Frau aber wagte es nicht, ihrem Mann von der Erscheinung zu erzählen. Deshalb erschien Maria Magdalena in der folgenden Nacht erneut und sprach ähnliche Worte.«

Auch das nützt nichts, und so erschien Magdalena »ein drittes mal beiden zusammen in der Stille der Nacht voller Zorn und glühendem Angesicht, so dass es schien, als brenne das ganze Haus und sprach: ›Schläfst Du, Wüterich, Glied Deines Vaters des Teufels, mit Deiner Frau der bösen Schlange, die dir meine Worte nicht wollte künden?... Du sollst der Rache nicht entrinnen, du Bösewicht.‹ Also sprach sie und verschwand.« Diese freundlichen Worte der heiligen Magdalena halfen endlich. Sie bekamen zu essen, durften bleiben und der Fürst bekehrte sich obendrein.

Das rechte Bild zeigt die Büßerin Magdalena, die dann den Rest ihres Lebens als Einsiedlerin verbringt. Und wie alles auf mittelalterlichen Bildern, hat auch hier jedes Detail seine Bedeutung. So ist der figürliche

Schmuck des Kirchenportals eben nicht nur »Zierwerk«. Die männliche Gestalt mit dem abgeschlagenen Gesicht symbolisiert beispielsweise das überwundene Heidentum, der Affe darunter das teuflische Laster. Die Ikonographie kennt da ganz präzise Symbole und Deutungen, so wie der tote Baum auf dem linken Bild mit Sicherheit auch Tod, angedroht oder wirklich, bedeutet.

Ich sagte es schon: Es gibt nun aber ein Detail auf dem Altar, das permanent ohne Deutung bleibt. Es ist das merkwürdige Gebilde, das über dem Schlafzimmer aus dem mittleren Dachfenster hängt. Selbst wenn man davorsteht, schadet ein Fernglas nicht, um es genauer zu betrachten: Ein viereckiges Stück Stoff, auf der einen Seite mit einer Schlaufe von Ecke zu Ecke, so dass man sich das Ganze über den Arm hängen kann, und auf der anderen Seite zwei Fäden an jeder Ecke.

Nicht, dass man diesen seltsamen Gegenstand nur von diesem Bild kennte. Es gibt Holzschnitte und Federzeichnungen aus jener Zeit, auf denen Frauen das Ding tatsächlich am Ärmel hängen haben oder an einem Stecken über dem Kopf schwenken, Kinder, die es auf einem Stecken herumtragen oder auf eine Stange gesteckt, um die Männlein und Weiblein herumtanzen. Sogar einen Namen hat dieses Ding: Es heißt »bruch« oder auch »bruoch«.

Damit sind wir bei dem anderen Ausgangspunkt, um uns an unser Kuriosum heranzupirschen. Lange Zeit hat man nicht gewusst, was es mit diesem seltsamen mittelalterlichen Gegenstand auf sich hat und hat deshalb auch die verschiedensten Erklärungen versucht. Inzwischen weiß man es, man hat Bilder gefunden, auf denen er in Funktion zu sehen ist, zum Beispiel auf einem Gemälde von Michael Pacher (1483). Dort trägt Kaiser Trajan im Höllenfeuer außer der Krone ebenjene Bruch – es ist eine Unterhose in einer Zeit, als Männer und Frauen noch beide Röcke trugen.

Und so funktioniert es: Mit dem einen Bein steigt man in die Schlaufe, zieht das Stoffstück zwischen den Beinen durch und bindet die beiden Fäden über der Hüfte des anderen Beines zusammen, sodass damit genau das bedeckt wird, was im Germanischen das Wort Braca bedeutet: das Hinterteil. (Über das Altnordische »Brðk« wurden daraus übrigens die holländische Hose »brock« und die englischen »breeches«).

Was um Himmels Willen aber hat ein Slip, eine männliche Unterhose an einer solch exponierten Stelle auf einem Heiligenaltar zu tun? In einer Zeit, in der jedes auch noch so kleine

Detail eines Bildes seine zumindest symbolische Bedeutung hatte? Wenn also auf Grabmälern einer Frau ein Hund über ihre Treue als Ehefrau Auskunft gibt: Sie war »treu wie ein Hund«.

Die Völkerkundlerin Sigrid Metken schreibt in ihrem 1996 erschienen Band »Der Kampf um die Hose – Geschlechterstreit und die Macht im Haus – Die Geschichte eines Symbols« über diese Bruochs: »Fehlt der Inhaber und ist so ein gezipfelter Fetzen isoliert abgebildet, kann man ihn kaum als Beinkleid erkennen. So wurde bis ins letzte Jahrzehnt hinein übersehen, was für eine große Rolle dieses Zeichen der Männlichkeit auf Holzschnitten und Kupferstichen des 15. und 16. Jahrhunderts spielt. Nahm man diesen Gegenstand überhaupt wahr, missdeutete man ihn oft als Kinderlatz, Fahne oder ähnliches. Seit kurzem erst hat man ihn lesen gelernt.«

Eine Spur ist zum Beispiel über das gängige Sprichwort »Wer die Hosen anhat, herrscht« zu finden. Dazu Ingrid Metken am Beispiel eines Holzschnittes von Erhard Schöne aus dem Jahr 1533: »Eine junge Frau hat sie (die Bruoch) nebst Tasche und Schwert am linken Arm baumeln. Mit der rechten schwingt sie eine Peitsche, um ihren Angetrauten anzuspornen, der dazu verdonnert ist, auf allen Vieren einen Karren mit einem Wäschezuber zu ziehen.« Hier muss man nicht viel erklären, die Deutung liegt auf der Hand. Wer die Hosen hat, hat das Sagen.

Deutlich ist der Tiefenbronner »Herrenslip« an der Dachgaube zu erkennen.

Aber dann bringt Sigrid Metken ein anderes Beispiel: »Eine Federzeichnung von Urs Graf aus dem Jahr 1514 zeigt eine üppige junge Frau. Die Haube weist sie als verheiratet aus. Sie wird von fünf teilweise bewaffneten Putten umtanzt, von denen einer in Rüstung den gegabelten Stecken, an dem die bruch baumelt, als Trophäe balanciert. Ungeachtet ihres züchtigen Aussehens vermag die Schöne der Männer Hosen an die ›stang henken‹, das heißt, verführt wird, wer immer gefällt.«

Die bedenkliche Schlussfolgerung: »Die aufgehängte Hose darf man als Kürzel für Liebesspiele verstehen, was rein süddeutscher Tellerspruch aus dem vorigen Jahrhundert so ausdrückt: ›Ach wann ich doch an meinem Bette ein paar Hosen hangen hätte!‹«

In die gleiche Richtung geht die »Satirische Prozession« von Peter Flötner aus dem Jahr 1535. Man sieht vollgefressene und saufende Mönche, denen Nonnen folgen, die zwei solcher Unterhosen wie ein Banner an Stangen tragen und statt des Breviers in einem Tricktrack-Brett lesen. Na und, ist man versucht zu sagen, bis man erfährt, dass »trico-traco« im Italienischen noch heute ein Deckwort für den Beischlaf ist. Und so weiter und so fort. An Beispielen fehlt es jedenfalls nicht und wer mehr erfahren will, lese mit Staunen Sigrid Metkens Buch.

Doch nun mit stillem Entsetzen zurück nach Tiefenbronn. Was macht eine solche Unterhose auf einem Magdalenenaltar? Was für eine Szene sehen wir denn da vielleicht in dem Fenster unter der Hose? Was ist das für ein Haus? Was macht die heilige Magdalena dort?

Die erstaunlich nackte Dame legt die schlimmsten Befürchtungen nahe, aber auch wenn der einst schlechte Ruf Maria Magdalenas Bedenkliches nahelegen könnte – die Legenda Aurea bietet keinen Anhaltspunkt dafür. Das Bild schildert offenbar entsprechend der Legende die Szene, wo Maria Magdalena der Dame des Hauses wiederholt nahelegt, sie und ihre Begleitung gastfreundlich aufzunehmen.

Die Bruoch, der ominöse Herrenslip im Dachfenster, könnte also dann zeigen, dass die Frau ihren Mann überreden konnte, weil sie die Hosen anhat. Nach dem deutschen Sprichwörterlexikon von 1867 bedeutet zum Beispiel die Redensart »Eenem de Büx upbinden«, jemanden beherrschen und streng gegen ihn sein. Dass dabei, auch auf einem Heiligenbild, der ewige Kampf der Geschlechter eine entscheidende Rolle spielt, steckt ja schon im Symbol selbst, in der Bruoch. Der Hausdrache ist da nicht weit.

Ob damit die ganze Symbolik erfasst ist, weiß ich nicht. Jedenfalls ist die Unterhose von Tiefenbronn weit und breit das einzige Mal, dass ein der-

Der Tiefenbronner Magdalenenaltar

art sexuell belegtes Symbol die Aussage eines Kirchenbildes bestimmt.

Gedanken, Assoziationen, Vermutungen und Deutungen – was davon stimmt, auf was der Maler vor rund 600 Jahren aufmerksam machen wollte? Jedenfalls steckt mehr dahinter, als man bisher glaubte. Ein Kuriosum bleibt es auf jeden Fall.

Kirche St. Maria Magdalena, Gemmingenstraße 3, 75233 Tiefenbronn, Telefon (0 72 34) 42 10 (Pfarrbüro). Öffnungszeiten: von Ostern bis Allerheiligen täglich (außer Montag) von 13.30–16.30 Uhr, von Allerheiligen bis Ostern nur samstags und sonntags 14.00–15.30 Uhr. Führungen nach Vereinbarung.

Das Puppenhaus auf der Felsnadel

■ **Märchenschloss am Albtrauf: Schloss Lichtenstein**

Es ist so bekannt, beliebt und berühmt, dass man sich kaum traut, dieses Wahrzeichen schwäbischer Romantik unter »Kuriositäten« einzureihen. Aber eben das ist dieses Märchenschloss im Format sozialer Wohnungsbau, das jährlich von weit über hunderttausend Touristen besucht wird.

Nicht, weil es so niedlich aussieht wie frisch aus dem Disney-Park gestohlen und in den Wald gestellt, sondern weil die Entstehung dieser Bonsai-Burg so kurios ist. Hier besucht man keine mittelalterliche historische Burganlage, hier rankt sich keine Sage um alte Trümmer, hier schwebt nicht unsichtbar der Geist einer berühmten historischen Gestalt durch die Räume, kein Barbarossa und kein Eberhard im Barte. Hier besichtigen wir – selten genug – ein Gemäuer, das lediglich einer li-

Romantischer geht es wohl kaum: Schloss Lichtenstein im Mondenschein

terarischen Vorlage nachgebaut ist, nichts weiter ist als eine Illustration, diesmal nicht als Gemälde in einem Buchtext abgedruckt, sondern für teure Gulden auf einer Felsnadel als begehbare Zeichnung nachgebaut.

»Wie ein kolossaler Münsterturm steigt aus einem tiefen Albthal ein schöner Fels frei und kühn empor«, heißt es in Wilhelm Hauffs historischem Roman »Lichtenstein«, in dem ein Herzog in einer »Burg Lichtenstein« Zuflucht sucht. »Weitab liegt alles feste Land, als hätte ihn ein Blitz von der Erde weggespalten, ein Erdbeben losgetrennt oder eine Wasserflut vor uralten Zeiten das weiche Erdreich ringsum von seinen festen Steinmassen abgespült …«

Auf dieser Felsnadel sieht die Phantasie des Dichters nun ein Bauwerk: »Wie das Nest eines Vogels auf die höchsten Wipfel einer Eiche oder auf die kühnsten Zinnen eines

Unechte Bastionen flankieren das Lichtensteiner Puppenschloss.

Turmes gebaut, hing das Schlösschen auf dem Felsen. Es konnte oben keinen großen Raum haben, denn außer einem Turm sah man nur eine befestigte Wohnung, aber viele Schießscharten im unteren Teil des Gebäudes und mehrere weite Öffnungen, aus denen die Mündungen von schwerem Geschütz hervorragten, zeigten, dass es wohlverwahrt und trotz seines kleinen Raumes, eine nicht zu verachtende Feste sei.«

Und da ist auch schon die »hohe Zinne des Wachturmes«, den man bei klarem Wetter von Stuttgart aus erkennen kann: »Eine schöne Aussicht bot sich schon hier dem überraschten Auge dar, und eine noch herrlichere freie ließ die hohe Zinne des Wachturmes und die lange Fensterreihe des Hauses ahnen.«

Als Hauffs Roman 1826 erschien, musste kein Mensch hierher pilgern. Da stand auf dieser Felsnadel keine

Burg, sondern seit 1802 ein Haus der königlich-württembergischen Forstverwaltung.

Durch den Roman »Lichtenstein« kam der später zum Herzog avancierte Graf Wilhelm von Urach 1838 jedoch auf die Idee, dieses Forsthaus nebst 25 Morgen Land für bare 7358 Gulden und 58 Kreuzer zu erwerben und selbst und eigenhändig die ersten Baupläne für die Hauffsche Fantasieburg zu entwerfen. (Er lag damit voll im Trend der Zeit: In Bayern war man gerade dabei, für Kronprinz Maximilian Schloss Hohenschwangau zu bauen.)

Ein Jahr darauf, also 1839, begannen bereits die Bauarbeiten. Auf den Grundmauern des abgerissenen Forsthauses, das seinerseits auf den noch älteren Grundmauern einer kleinen mittelalterlichen Burg gestanden hatte, errichtete der damals für seine Bauten im »altdeutschen Stil« bekannte und populäre Architekt Carl Alexander Heideloff Schloss Lichtenstein. An der Einweihung im Mai 1842 nahm sogar König Wilhelm I. teil, der gerade dabei war, mit seiner maurischen Wilhelma in Stuttgart eine völlig andere Sorte Architektur vorzuführen.

Seitdem lockt dieses »Wahrzeichen der schwäbischen Romantik« – noch heute in herzoglichem Privatbesitz – die Besucher an. Von der kleinen Felsnase vor der Burg, wo zusammen mit den Touristen Wilhelm Hauff in Büstenform auf sein berühmtes Fantasieprodukt blickt, sind seitdem Millionen völlig gleich aussehender Fotos gemacht worden. Dann steht man vor der Zugbrücke an, um einen winzigen Burghof zu besichtigen und durch ein paar Räume geführt zu werden, die kaum größer sind als das eigene Wohnzimmer. Herzogliche Puppenstuben, angeklebt an einen viel zu dicken Turm.

Dabei bekommt man noch nicht einmal sämtlich Räume zu sehen, wie etwa das Arbeitszimmer des

Steingnome wachen auf Schloss Lichtenstein.

Ein Miniatur-Geschützturm sichert vermeintlich nach Süden.

Grafen mit seinem endlos langen Klappbett, die Gästezimmer mit normal langen Klappbetten und die Toiletten, die der Etikette wegen in Form und Farbe verschämt Bücherregalen nachgebildet sind.

Anschließend lustwandelt man am Albtrauf entlang ein paar Minuten durch den Park und besichtig die Reste der eigentlichen Burg Lichtenstein. Hat man sich dann, wieder vorn angekommen, über die Souvenirs lustig gemacht, die die anderen kaufen, verlässt man den Park, geht rechts zur Burggaststätte und belebt sich, um danach vor allem jüngere Herrschaften zu bewundern, die entlang des Weges hoch oben in der Luft auf Seilen zwischen den Bäumen entlang tappen, die neue Form von Zirkusakrobatik fürs Volk. (Eintritt zu dieser Volksbelustigung unten am Talweg beim Parkplatz.)

Schlossverwaltung: Telefon (0 71 29) 41 02, www.schloss-lichtenstein.de

Die Unterhose im Wald

Die Geschichte begann im Jahr 1894, als sich drei Wanderfreunde bei Pfullingen auf der Hochwiese des Schönberg trafen und einhellig befanden, die Aussicht ins Unterland wäre noch schöner, wenn hier ein Aussichtsturm stünde. Das war die Stunde des Pfullinger Papierfabrikanten Louis Laiblin, eines der drei Wandersmänner. Louis Laiblin fühlte sich als Mäzen und stellte spontan 5000 Mark als Startkapital für den Bau eines Turmes zur Verfügung – damals noch eine Menge Geld. (Wie sich später herausstellte, war es fast die Hälfte der gesamten Baukosten.)

Freilich dauerte es noch eine Weile, bis Laiblin einen geeigneten Architekten gefunden hatte, denn unter einem Mann wie Theodor Fischer war da nichts zu machen. Der hatte

Filigraner Betonbau: der Pfullinger Schönbergturm

Der Ausblick vom Schönbergturm entlohnt reichlich für die Mühsal des Treppensteigens.

im Baubüro des Reichstages für Paul Wallot in Berlin gearbeitet, war dann als Stadtplaner von München tätig – sein Generalbebauungsplan war in München bis zum Zweiten Weltkrieg verbindlich – und war schließlich 1901 an die Universität Stuttgart als Professor für Bauentwürfe einschließlich Städteanlage berufen worden, um seine Karriere ein paar Jahre später als Professor für Baukunst in München abzuschließen.

Auf eigene Kosten beauftragte der Papierfabrikant jedenfalls den Professor, einen Entwurf auszuarbeiten. Der kam prompt mit einem Plan herüber, denn er hatte lediglich seinen nicht verwirklichten Entwurf des Völkerschlachtdenkmals bei Leipzig zu einem Aussichtsturm umgearbeitet.

Im Oktober 1904 stimmte die Hauptversammlung des Schwäbischen Albvereins diesem Entwurf zu – auch wenn es eine sehr eigenwillige und seltsame Konstruktion war. Aber schließlich ging dem Architekturprofessor der Ruhm voraus, einen eigenen Stil zwischen Historismus und Jugendstil zu pflegen. Zum einen bestand der Turm aus Eisenbeton, einer Bauweise, die damals durchaus noch nicht üblich war, und es war eine Art Doppelturm, dessen Beine oben durch eine Brücke verbunden waren.

Herr Laiblin spendierte noch einmal einen namhaften Betrag und so wurde der Schönbergturm von August bis November 1905 erbaut und am 25. März 1906 feierlich eingeweiht. Und da steht das Ding nun seitdem, *ein* Turm zum raufsteigen, *ein* Turm zum runtersteigen, oben durch eine Art Wehrgang verbunden, das Ganze 26 Meter hoch und schön weiß angestrichen – und schon hatte das Bauwerk seinen Namen weg: die Onderhos, für Reingeschmeckte: Unterhose. In der Tat: Jeder, der sich dem Bauwerk nähert, oder auch nur von Ferne sieht, denkt unwillkürlich an die langbeinige Unterhose, den klassischen »Liebestöter«, hier in einer Sonderausgabe für Riesen.

Wer nun glaubt, dass da keine Steigerung möglich ist, der irrt. Die beiden Künstler Helmut Bachschuster aus Pfullingen und Matthias Knodel aus Tübingen nahmen im Jahr 2006 die Hundertjahrfeier der Onderhos zum Anlass, eben dieser eine wirkliche Unterhose anzuziehen. Nach einer ganzen Reihe von organisatorischen Kraftakten bis hin zu den verschiedenen Genehmigungen der Naturschutz- und Forstbehörden konnte der Plan umgesetzt werden.

Am 2. Juli 2006 war es soweit: eine riesige Unterhose, aus mehr als 400 Quadratmeter Stoff gefertigt, schwebte an einem Hubschrauber über die Wälder zum Schönberg, und nach zwei Stunden war mit Hilfe

Der Schönbergturm präsentiert sich im Abendlicht.

der Pfullinger Bergwacht und der Höhenrettung der Pfullinger Feuerwehr die Onderhos unter dem Beifall von 2000 Zuschauern mit einer wirklichen Unterhose angezogen. Einen Monat lang flatterte dann, mit Scheinwerfern angestrahlt eine echte Unterhose über den Wipfeln. Bis dann, wieder von vielen Besuchern beobachtet, der Unterhose die Unterhose am 29. Juli wieder ausgezogen wurde.

Der Schönbergturm oder die Onderhos liegt zwei Kilometer südlich von Pfullingen auf dem Schönberg (ursprünglich Schemberg), einem 793 Meter hohen Berg am Albtrauf. Vom dortigen Parkplatz auf der »Wanne« ist der Turm nur zu Fuß erreichbar. Der Waldweg ist zwar nur 500 Meter lang, aber ziemlich steil.

Dafür wird man am Wochenende oben mit Getränken und Imbiss entschädigt, denn zwischen den Füßen der Onderhos ist eine kleine Wirtschaft eingebaut, und der Kenner weiß schon von Ferne: Weht oben am Turm eine Fahne, gibt's unten was zu trinken.

14 TÜBINGEN

Lieber Sieg als Lebertran

Damit wir uns nicht missverstehen: Nicht das Stocherkahnfahren selbst ist das Kuriosum, dieses Entlangschieben eines Kahnes an einer endlosen, in den Grund gerammten Holzstange, die immer wieder eingeholt, neben den Kahn wieder senkrecht ins Wasser gestellt und jedesmal wieder nach hinten weggeschoben wird. Das können ordentliche Gondolieri in Venedig schon lange und die Studenten in Cambridge und Oxford sowieso, die das »punting the punts« per Tradition gewohnt sind.

Das Kuriosum ist auch nicht, dass sich jeder Tourist quer zur Fahrtrichtung in so einen Kahn setzen und sich am Hölderlinturm vorbei auf dem Neckar ein Stück hinauf- und hinabstochern lassen kann wie anderswo mit einem Minibähnle

Das »Nadelöhr« an der Tübinger Neckarbrücke entscheidet über Wohl und Weh der Teilnehmer am Stocherkahnrennen.

In schneller (Kahn-)Fahrt geht es am Hölderlinturm vorbei.

durch die Straßen. Sie wissen es natürlich: Kurios ist einzig und allein das »Stocherkahnrennen«, das seit 1956 einmal im Jahr ausgetragen wird, und auch da wieder vor allem die gefürchtete Verliererehrung.

Ich weiß, wovon ich rede. Ich bin in einer Zeit aufgewachsen, da es noch nicht als Mordversuch galt, seinen Kindern jeden Morgen ein Löffelchen Lebertran einzuflößen, damit die lieben Kleinen einmal groß und stark werden. Ich werde nie vergessen, wie dieses Zeug schmeckt. Der Geschmack hält ein Leben lang vor.

Dabei fängt es so harmlos an, süß und unverdächtig. Aber dann plötzlich das Gefühl: fettig, stickig, klebrig warm. Und zum Schluss beim Schlucken das Schlimmste, das volle Lebertranaroma, unerbittlich und unaufhaltsam, dieser Geschmack nach altem Öl und fischigem Mief, der stundenlang vorhält.

Nicht auszudenken also: Kein Löffelchen, nein, je einen halben Liter davon müssen die Insassen des letzten Stocherkahnes vor aller Augen als Verliererprämie austrinken, während die Sieger mit Bier ertränkt werden. Man versteht, dass das Stocherkahnrennen unter diesen Umständen schon aus reiner Überlebensangst zu höchst spannenden Wettkämpfen führt.

Die Regeln sind einfach:

1.) Eine Stocherkahnmannschaft besteht aus acht Personen, dem bis zu zwölf Meter langen Kahn und der sieben Meter langen Stocherstange.

2.) Als Fortbewegungsmittel sind nur die Stange sowie Arme und Beine der Mannschaft erlaubt.

3.) Das »Nadelöhr«, die Kehre unter der Neckarbrücke muss jeder Stocherkahn mit hochgehaltener Nummer in einer Achterschleife zweimal passieren, einmal hin und dann zurück.

Es ist diese enge Kehre, wo das Chaos am größten ist, weil jeder den anderen behindert, ob er will oder nicht. Auch wer noch so tadellos mit Händen, Füßen und Stange vom Start weg bis zum Nadelöhr gekommen ist – hier sortiert sich alles neu, hier laufen Kähne voll, hier gehen Stangen verloren, hier gibt es Rempeleien und viel Gelächter, alles von Kommilitonen, Bürgern und Touristen schadenfroh von der Brücke aus beobachtet und kommentiert.

Wer dann wieder talwärts am Hölderlinturm vorbei zum Ziel stakt, kann nur hoffen, dass andere noch hinter ihm sind und hinter ihm bleiben. Wenn dann doch ein Kahn mit dem Gesang »Was trinkt ihr – wir trinken Bier« überholt, ist der Weltuntergang nicht weit.

Dann kommt die Stunde der Wahrheit. Unweigerlich ist ein Stocherkahn der Letzte, das lang erwartete und vom Fernsehen übertragene Gaudium folgt. Nun kommt er der Lebertran. Ein halber Liter pro Mann. Die Gerechtigkeit hat gesiegt.

Umso schlimmer die erschütternde Unmoral gewissenloser Subjekte, die sich auf niedrige Weise dem Schicksalsschlag entziehen. Sie setzen das Glas Lebertran korrekt an, neigen den Kopf nach hinten, bis das Glas leer ist und die Menschheit sie bemitleidet. Der Trick: Sie öffnen überhaupt erst dann den Mund, wenn sie sich dann den letzten Tropfen Lebertran vom Gesicht gewischt haben.

Den Sieger des Rennes erwartet erfrischendes Bier, den Verlierer das üble Quantum Lebertran.

15 FREUDENSTADT

Die Kirche um die Ecke

Mit Freudenstadt geht es einem leicht wie mit Schloss Lichtenstein. Einfach, weil es selbstverständlich da ist, macht man sich gar nicht mehr klar, dass bereits die Existenz als solche ein Kuriosum ist. Denn ist es denn normal, dass ein kleiner unbedeutender Landesfürst um 1600 auf die verwegene Idee kommt, sich ohne ersichtlichen Anlass mitten in der Einsamkeit des tiefsten Schwarzwaldes auf einem Höhenzug eine zweite Residenzstadt zu bauen?

Selbst wenn es nur ein Residenzle mit Jagdschloss hätte werden sollen, eine Art Week-End-Regierungssitz für Seine Gnaden Herzog Friedrich – warum dann gleich ein Schloss, das sichtlich größer ist als der Stuttgarter Stammsitz? Das Ganze mitten auf einem quadratischen Platz, der heute als der größte Marktplatz Deutschlands gilt. Alles rundum im weiten Karree eingerahmt von den Reihenhäuschen der Untertanen als wenn es gälte, mitten im Nichts eine pulsierende Großstadt am Leben zu erhalten. Das hätte sich der Kini in Neuschwanstein auch nicht besser ausdenken können.

Aber wie es in Abwandlung des Spruches geht: Der Mensch dachte – Gott lachte. Auch heute, mehr als vierhundert Jahre danach ist der riesige Platz noch da, aber kein Schloss steht darauf, nur verstreut von Amts wegen ein paar Verlegenheitsgebäude. Nie hat hier ein Herrscher residiert, nie sind hier rauschende Feste gefeiert worden, bestaunt und umjubelt von den Untertanen, die andächtig im Viereck um Schloss und Schlosspark herum standen. Nie sind hier kostbare Equipagen mit üppigen

»Winkelhakenbau« nennen die Experten die besondere Bauform der Freudenstädter Stadtkirche.

Barockdamen vorgefahren, nie Herren auf feurigen Pferden vorgeritten.

Brav und bieder waren stattdessen all die Jahre die einheimischen Bäuerlein mit ihren Knautschhüten und die Frauen mit ihren Bollenhüten in verklemmtem Stolz stattdessen selbander in die merkwürdige Kirche gezogen, die ihnen der gütige Landesvater in den Wald gestellt hatte, wo eigentlich ein Schloss hätte stehen sollen.

Denn noch bevor am 6. Mai 1601 das riesige leere Viereck auf den Namen Freudenstadt getauft wurde, war vier Tage vorher im Beisein des Herzogs an einer Ecke des leeren Vierecks der Grundstein für die Stadt- und Hofkirche gelegt worden.

Als im Jahr 1608 in der evangelischen Stadtkirche Freudenstadt die erste Predigt gehalten wurde, waren Erstaunen und Verwunderung ohnehin groß. Das gab es ja gar noch nicht, eine Kirche um die Ecke. Einen Altarraum, aber zwei Kirchenschiffe, die rechtwinklig aufeinander zuliefen. Dass so was erlaubt war. Da musste der Pfarrer ja nach zwei Richtungen hin segnen, wenn er am Altar stand. Stand der Pfarrer dagegen mit dem Gesicht zum Altar, sah ihn die eine Hälfte der Gemeinde von der Seite, die andere von hinten.

Und davon, dass traditionellerweise der Altar nach Osten ausgerichtet ist, konnte keine Rede sein.

Aber das war ja von Anfang an von außen zu sehen. Wie eine wuchtige Stadtmauer liefen da an einer Ecke des Platzes die Kirchenmauern rechtwinklig aufeinander zu und bildeten einen »Winkelhakenbau«. Oder noch verblüffender vom leeren Platz aus: Da wuchsen in einer Ecke zwei spiegelbildlich völlig gleiche Kirchen aufeinander zu, jede mit einem Turm, jede mit einem Eingang, jede mit einem Kirchenschiff, nur dass die Altarräume der beiden Kirchen übereck zusammenstießen und miteinander verschmolzen.

Ein neues theologisches Konzept? Also etwa ein Kirchenschiff für Männer, eins für Frauen? Eine bloße Laune des Herzogs oder des Architekten? Wir wissen es nicht. Das einzig Sichere ist, dass der Architekt keine reine Renaissancekirche bauen, sondern neben modernen Elementen auch mittelterliche Teile verwenden sollte, sodass sich die Kirche bis heute als Stilgemisch darbietet. Innen war sie allerdings geprägt vom dynastischen Selbstdarstellungswillen und Geprahle des Herzogs.

Die Stadtkirche schmiegt sich in ein Eck des riesigen Marktplatzes.

Kein Altargemälde, gerade eben, ein Stück von der Wand weg, ein Altartisch mit einem Kruzifix obendrauf. Aber dafür an der Wand hinter dem Altartisch das Wappen Herzog Friedrichs I., groß und beherrschend, flankiert vom französischen Michaelsorden und dem englischen Hosenbandorden, die der Herzog verliehen bekommen hatte. Ehre sei Gott in der Höhe, und dann sämtliche Wappen seiner Vorfahren sowie jener 140 württembergischen Klöster und Amtsstätten, die seiner Herrschaft unterstanden. Ein Segen, dass diese Pracht in den letzten Kriegstagen im April 1945 ihr Ende fand, als Freudenstadt sinnlos zerstört wurde.

Was wir heute »behutsam renoviert« sehen, ist in der Grundstruktur gleich geblieben aber in modernes Stilempfinden gefasst: Wieder schwebt die Kanzel wie ein Schwalbennest in der Nische wie anderswo das Kruzifix im Herrgottswinkel. Wieder gibt es den frei im Raum stehenden Altar, aber jetzt ist er wie eine Stufe zur Kanzel mit ins Eck gerückt. Alter Taufstein, mittelalterliches Lesepult, moderner Altar und Kanzel bilden jetzt eine diagonale Einheit und statt der heraldischen Prahlereien umschweben geflügelte Gestalten das große Kruzifix. So arrangiert bekommt die kuriose

Diese historische Aufnahme zeigt den rechtwinkligen Innenraum der Stadtkirche.

Eckenkirche sogar einen inneren Sinn, wird zu einer Art gezacktem Amphitheater mit Zuschauern, Verzeihung »Gläubigen« von links bis rechts und umgekehrt.

Jetzt ist es Zeit, ein paar Minuten einfach nur dazusitzen. Kaufen Sie hinten am Stand ein Erklärbüchlein und eine Postkarte von vor 1945. Setzen Sie sich an verschiedenen Stellen in den zwei Kirchenschiffen nieder und lassen sie die Blicke einfach schweifen. Irgendwann springen Dinge und Gedanken zusammen.

Und dann draußen bei einem Schaufensterbummel rund um den großen Platz irgendwo in einem Café hinsetzen, ein Eis schlotzen, auf die Viereckkirche gucken und sich einfach freuen.

BARFUSS ZUM ESSEN

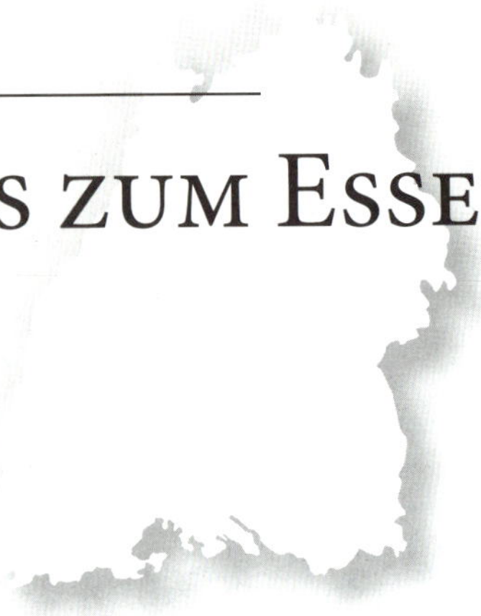

Dass in einem ordentlichen schwäbischen Haushalt die Schuhe draußen vor der Tür bleiben, versteht sich von selbst. So, wie der Schwabe ohne Schuhe geboren wird, so geht er, wenn schon nicht durchs Leben, dann wenigstens auf bloßen Socken durch seine Wohnung und, sofern gestattet, auch durch die Wohnung anderer Menschen.

■ **Erstes Ausflugsziel in Bad Urach: das Uracher Schloss**

Das hat ja auch seinen Sinn. Denn früher kam der anständige Mensch vom Füttern und Ausmisten aus dem heimatlichen Stall und hatte grobe Arbeitsstiefel an. Und wehe, Herr oder Knecht zogen nicht ihre riechenden Stiefel aus, bevor sie zum Essen in die Küche schlurrten.

Bei Bauern funktioniert das auch heute noch, aber wer ist schon noch Bauer. Trotzdem: Wenn eine Tradition schon keinen Sinn mehr hat, ist das noch lange kein Grund, sie aufzugeben. Da liegt der Wert bekanntlich in sich, wie das Hotel »Vier Jahreszeiten« in Bad Urach noch heute in halbem Ernst demonstriert und den Fremdling schreckt. Denn gleich links im Entree steht ein grünes Schild, das dem Wandersmann die notwendigen Anweisungen gibt:

»Guten Tag, lieber Wandersmann / Du hast bestimmt schmutzige Schuhe an / Sei so lieb und zieh sie aus / Denn du komst in ein geputztes Haus / Es dankt unsere Putzfrau und wir / Und auch die andern Gäste Dir«

Nun gut, ich gebe zu, das kann heute nicht mehr ernst gemeint sein und insofern besteht das Kuriosum darin, dass es daran erinnert, was hier noch zu Lebzeiten einmal eben keines war.

Aber schon ist man infiziert und stellt sich vor, man zöge tatsächlich wie vor einer Moschee seine Schuhe aus, stelle sie in Reih und Glied vorm Empfang ab und stakse auf feucht gewanderten Socken in den Speisesaal, wo die Kellner geschäftig barfuß hin- und herlaufen und Duftwolken verbreiten. Bon appétit!

So still und zurückhaltend wie das Hotel sich gibt, so dezent und bescheiden Bad Urach mit seiner Geschichte umgeht und dabei mit dem Mittelalter kokettiert, warum alle braven Geister, soll's hier nicht noch Regeln von früher geben? Schließlich ist hier in Urach im Jahr 1445 Eberhard V. geboren, Graf von Württemberg-Urach, jener allseits verehrte »Eberhard im Barte«, der

Auch die sehenswerte Uracher Amanduskirche lohnt einen Besuch.

sein »Haupt kann kühnlich legen / jedem Untertan in Schoß«.

Hier in Urach hat eben dieser Eberhard auch 1474 seine Hochzeit mit der oberitalienischen Markgräfin Barbara Gonzaga von Mantua gefeiert, eine kleine Festivität mit angeblich 14 000 Gästen, die ihn jedenfalls 150 000 Liter Wein und 165 000 Laib Brot kostete.

Hier in Urach hat der beim Grafen in Ungnade gefallene Bäcker Frieder nach der Legende in seiner Todesangst die Brezel erfunden, um sein Leben zu retten. »Wenn Du innerhalb von drei Tagen einen Kuchen oder ein Brot erfindest, durch wel-

Prachtstück vor den Toren der Stadt: der Uracher Wasserfall

ches dreimal die Sonne scheint und das mir besser schmeckt als alles, was ich kenne, dann sollst du frei sein!«

Zwei Tage knetete Frieder vergeblich vor sich hin, bis am letzten Tag sein Blick auf seine Frau ficl, die mit über der Brust verschränkten Armen zusah. Und schon war die Brezel erfunden: zwei dünner werdende Ärmchen, die sich über dem Leib kreuzen. Nun musste das Ganze nur noch schnell versehentlich in ein Fass mit Salzlauge fallen und die Brezitella war erfunden, die sich wiederum vom lateinischen Bracciatellium ableitet, das schlicht und einfach »Ärmchen« bedeutet. Das wiederum soll nach der Legende Eberhards italienische Frau gerufen haben, als sie die erste Brezel sah.

Hier in Urach sind selbstverständlich auch die Spätzle erfunden worden. Die Legende jedenfalls weiß, dass Eberhards Barbara Gonzaga oft wehmütig an die schönen Mehlspeisen in Mantua dachte. Und schon waren aus lauter Heimweh die schwäbischen Spätzle zur Brezel hinzugekommen.

Nun brauchte Graf Eberhard von Urach aus nur noch mit gerade eben 32 Jahren die Uni Tübingen zu gründen und drei Jahre später die einst nach Erbstreitigkeiten getrennten Landesteile Württemberg-Urach und Württemberg-Stuttgart wieder zu vereinigen – und schon war ihm die Büste in Walhalla und das Denkmal im Mittleren Schlossgarten zu Stuttgart sicher.

Da möchte man ja schon vor lauter Ehrfurcht in Urach die Schuhe ausziehen. Das Mindeste ist, auf dem Marktplatz im stets gut besuchten Café seinen Kaffee zu trinken, durchs Städtchen zu bummeln und dann draußen vorm Städtchen das 37 Meter hohe Prachtsstück »Uracher Wasserfall« zu bewundern und ein wenig zu umwandern.

Flair-Hotel-Restaurant »Vier Jahreszeiten«, Stuttgarter Straße 5, 72574 Bad Urach.

17 BAD PETERSTAL

Mord in der Kurve

Das nun folgende Kuriosum ist eines der etwas anderen, stilleren Art. Ich weiß nicht, wie oft ich schon, wie oft Tausende anderer, daran vorbeigefahren sind. Bei den vielen Haarnadelkurven muss man schon sehen, dass man auf der Straße bleibt und kann nicht viel herumgucken.

Bis mir eines Tages auffiel, dass in einer dieser Kurven so etwas wie ein Gedenkstein aufgestellt war. Beim nächsten Mal hatte ich Glück, es war kein Verkehr und hielt einen Moment an. Tatsächlich, es war ein Gedenkstein und erinnert wurde an den Mann, der am 11. November 1918 im Namen der deutschen Regierung im Wald von Compiegne den Waffenstillstandsvertrag mit Frankreich unterzeichnet, damit den Ersten Weltkrieg beendet und so die »Dolchstoßlegende«

Der Erzberger-Gedenkstein bei Bad Griesbach

In der »Erinnerungsstätte Matthias Erzberger« in Münsingen-Buttenhausen wird des streitbaren Zentrumspolitikers gedacht.

rechtsradikaler Kreise in Gang gesetzt hatte.

Hier auf der Straße zwischen Bad Peterstal und Bad Griesbach im Renchtal und dem Kniebis oben auf der Schwarzwaldhöhe war er am 26. August 1921 auf einer Wanderung aus Rache von zwei ehemaligen Marineoffizieren nach der hämischen Parole »Kugelrund, aber nicht kugelfest« mit sechs Schüssen niedergestreckt worden und schwer verletzt die Böschung hinabgestürzt. Aus nächster Nähe töteten ihn dann die Attentäter mit zwei Kopfschüssen.

Daran erinnert der Gedenkstein für Matthias Erzberger, Finanzminister der Weimarer Republik und Urschwabe von der Schwäbischen Alb, der 1875 als Sohn des Schneiders und Postboten Josef Erzberger in Buttenhausen bei Münsingen geboren wurde.

Ein uriges Naturtalent, das sein bäuerliches Herkommen auch als

Mitglied des Deutschen Reichstages nicht verleugnen konnte. Graf Harry Kessler schilderte ihn 1919 mit boshaftem Vergnügen in seinem Tagebuch: »Erzberger mit seiner Spießergestalt, seinem klobigen Dialekt, seinen grammatikalischen Sprachfehlern, fiel zunächst ganz ab, obwohl er es sehr dramatisch und geschickt anfing: Ist das alles? Ich stand unmittelbar hinter ihm an der Rednertribüne, sah seine schlecht gemachten platten Stiefel, seine drolligen Hosen, die über Korkenzieherfalten in einen Vollmondhintern münden, seine breiten, untersetzten Bauernschultern, den ganze fetten, schwitzenden, unsympathischen Kerl in nächster Nähe vor mir: jede ungelenke Bewegung des klobigen Körpers, jeden Farbwechsel in den dicken, prallen Wangen, jeden Schweißtropfen auf der fettigen Stirn.

Aber allmählich wuchs aus dieser drolligen, schlecht sprechenden ungeschickten Gestalt die furchtbarste Anklage empor, die schlecht gemachten, schlecht gesprochenen Sätze brachten Tatsache auf Tatsache, schlossen sich zu Reihen und Bataillonen zusammen, fielen wie Keulenschläge auf die Rechte, die ganz blass und in sich zusammengeduckt und immer kleiner und isolierter in ihrer Ecke saß.«

Dieser Mann, der mit 19 Jahren bereits die Volksschullehrerprüfung abgelegt, danach ohne Abschluss Staatsrecht und Ökonomie studiert hatte und Redakteur des katholischen Deutschen Volksblattes in Stuttgart geworden war – dieser Bauernjunge, der sich in Arbeitervereinen und der Zentrumspartei engagiert hatte, war seinerzeit mit 28 Jahren der damals jüngste Abgeordnete im Reichstag.

1918 war er dann zum Leiter der Waffenstillstandskommission berufen worden, war 1919 Finanzminister und legte mit seinen Reformen, unter anderem der Einführung des direkten Lohnsteuerabzuges, die Grundlage für das heute noch gültige deutsche Steuersystem.

Seine Heimatstadt Münsingen hat diesem »Wegbereiter der deutschen Demokratie«, den der Stuttgarter Ministerpräsident Erwin Teufel sogar den »ersten Christdemokraten« nannte, eine kleine Gedenkstätte gewidmet. Sie befindet sich in Münsingen-Buttenhausen im Mühlsteig 21.

Öffnungszeiten: April bis Oktober sonntags und feiertags 13-17 Uhr, Einzelbesucher von November bis März und Gruppen nur nach Voranmeldung im Stadtarchiv Münsingen, Telefon (0 73 81) 1 82-1 15, www.erzberger-museum.de

18 STUTTGART-BAD CANNSTATT

Der nackerte Präsident im Erbsenbrunnen

Das ist, wenn es wahr wäre, kein Kuriosum, das wäre ein Skandal erster Güte und ließe den in der Badehose fotografierten Außenminister Stresemann oder den mit der Gräfin Pilati verliebt im Wasser plantschenden Verteidigungsminister Scharping weit hinter sich.

Ein deutscher Bundespräsident, nackt in Stein gemeißelt und gar noch auf einem Marktplatz aufgestellt, das ginge einfach zu weit. Und doch kann, ja, muss ich eine solche Monstrosität in diesem Buch anbieten.

Aber gehen wir's langsam an. Es ist zum Glück kein Kunstwerk, kein Wallfahrtsort und keine historische Stätte. Und wenn der Herr Bundespräsident in seiner weisen Güte die Sache nicht selbst geoutet hätte, die Menschheit wäre um diesen Skandal ärmer. Vielleicht, so hoffen wir jetzt, ist es vielleicht doch nicht so schlimm.

Also: Es ist einfach eines der unzähligen Brünnele, die es an allen Ecken und Enden im Ländle gibt. Er steht nicht einmal an illustrer Stelle, sondern in Bad Cannstatt am Rand des Marktplatzes. Immerhin hat er einen eigenen Namen. Er heißt Erbsenbrünnele, denn mit seinem Wasser, so Einbildung und Überlieferung, ließen sich Erbsen und andere Hülsenfrüchte besonders gut kochen. Und genau das sieht man denn auch: Auf einer großen Erbse steht seit 1929 ein steinerner nackerter Bub und hält einen Krug empor, während das Wasser aus vier Löchern der Erbse sprudelt.

Über zwei Generationen hin, genau 61 Jahre lang, hat die Menschheit seitdem gerätselt, wer dieser

Präsidiale Stätte: der Erbsenbrunnen in Bad Cannstatt

Erbsenbub sein könnte. Denn bis zum Jahr 1990 hatte es gedauert, dass das inzwischen gereifte Original des Erbsenbuben vor die Öffentlichkeit trat und selbst das Geheimnis lüftete.

Es war, anlässlich seiner Ernennung zum Ehrenbürger der Landeshauptstadt Stuttgart, niemand anders als Richard von Weizsäcker, seinerzeit Bundespräsident der Bundesrepublik Deutschland, der verschmitzt darauf hinweisen konnte, dass er lange vor der Ehrenbürgerurkunde bereits mit einem eigenen Denkmal präsent war.

Nun weiß der gebildete Bürger, oder kann es überall nachschlagen, dass Richard von Weizsäcker tatsächlich von Geburt an mit Stuttgart zu tun hatte, ja, dass er gebürtiger Stuttgarter ist. Und dass er nicht wie unsereiner im Olgäle oder Katharinenhospital oder ähnlichen bürgerlichen Etablissements das Licht der Welt erblickt hat, sondern standesgemäß natürlich im Neuen Schloss, wo das Diplomatenehepaar Weizsäcker gerade weilte.

Das aber erklärt noch lange nicht, wieso Klein-Richard zu der Ehre kam, zur Brunnenfigur zu werden. Erstens zogen die Weizsäckers nach einem Jahr weg und waren dann nur noch besuchsweise in Stuttgart, und zweitens: Da konnte ja schließlich nicht jeder vorbeikommen, bei den Weizsäckers im Schloss klingeln und mitteilen, er müsse partout diesen edlen Knaben zum Erbsenbub umarbeiten.

Die Sache war so: Die Weizsäckers hatten Verwandtschaft in Stuttgart und wenn ich den ersten Namen nenne, schrillen bei manchen die Glocken, auch wenn das 200 Jahre zurückliegt. Es gab da eine Wilhelmine von Graevenitz aus dem Mecklenburgischen, die 1706 ihren Bruder in Stuttgart besuchte und dem Herzog Eberhard Ludwig mit dem Ergebnis vorgestellt wurde, dass sie rund 20 Jahre dessen Mätresse war, bis er sie in die Verbannung schickte. Es ist jene Wilhelmine, von der eine Anekdote die Pointe liefert. Als der Hofprediger gebeten wurde, sie doch ins Gebet aufzunehmen, antwortete der, das geschehe ja bereits täglich im Vaterunser mit den Worten: »... und erlöse uns von dem Übel.«

Wir bleiben trotzdem bei den Graevenitzens, aber rücken mehr als 150 Jahre vor. Am 16. Mai 1892 wurde in Stuttgart Fritz von Graevenitz als Sohn des Generals der Infanterie und Militärbeauftragten des württembergischen Königs in Preußen, Wilhelm Friedrich von Graevenitz, und seiner Frau Marianne, geborene Klotz, geboren. Getreu der militaristischen Tradition wird dieser Fritz von Graevenitz selbstverständlich Offizier und Weltkriegsteilnehmer, revoltiert aber dann gegen seinen Vater und beginnt 1919 ein Studium der Bildenden Kunst. Bereits zwei Jahre später lässt er sich am Wohnsitz seines Vaters auf der Solitude in einem der Kavaliershäuser als freischaffender Künstler nieder.

Diesen Maler und Bildhauer besucht der junge Richard von Weizsäcker als Kind immer wieder, denn es ist sein Onkel, seine Mutter und Fritz von Graevenitz sind Geschwister. Noch im Jahr 2008 erinnert sich der Altbundespräsident in der Stuttgarter Zeitung dankbar an diese Stunden: »Die lebhafteste Erinnerung verbindet sich mit dem Onkel, dem Bruder meiner Mutter. Ein wunderbarer Mensch. Ein Künstler voll Herz und Fantasie und Gestaltungskraft. In seinem Atelier herumzulaufen und dann ganz lange still zu sitzen, was man als kleines Kind nicht gern tut, das habe ich in lebhafter Erinnerung.«

Freilich: »Um ehrlich zu sein, ob ich für den Erbsenbrunnen das Modell war, ist mir weniger in Erinnerung. Vielmehr das Bravsein und die Freude drüber, was aus Menschenhand und Menschenherz des Künstlers daraus gemacht werden kann.« So harmlos also war das mit dem Modell Friedrich von Weizsäcker. Jedenfalls: Bei uns hat der Bundespräsident sein Denkmal schon weg. Und so betrachtet ist der Erbsenbrunnen in Cannstatt zwar ein Kuriosum, aber kein Skandal.

19 BÜSINGEN AM HOCHRHEIN

DIE »AUSLANDDEUTSCHEN« VOM RHEIN

Man möchte es kaum glauben: Büsingen am Hochrhein hat zwei Postleitzahlen, zwei Telefonnummern und mit »BÜS« ein eigenes KFZ-Kennzeichen, obwohl es zum Landkreis Konstanz gehört und eigentlich KN führen müsste. Büsingen ist die einzige deutsche Gemeinde, in der man eine zeitlang die deutschen Briefmarken nur mit Schweizer Fränkli kaufen konnte und wo man – auf deutschem Hoheitsgebiet! – auch seine Mehrwertsteuer preiswert nach Schweizer Recht abführt.

Der Grund ist ein völkerrechtliches Kuriosum. Büsingen ist der einzige Ort Deutschlands, der gar nicht in Deutschland liegt, ja nicht einmal eine eigene Landverbindung zu Deutschland hat. Büsingen ist komplett von der Schweiz umgeben und bis vor kurzem mussten sich die Deutschen noch an der Schweizer Grenze ausweisen, wenn sie siebenhundert Meter weiter wieder auf deutsches Gebiet wollten. Zollausland ist Büsingen auch jetzt noch allemal.

In Büsingen am Hochrhein braucht es gleich zwei unterschiedliche Telefonzellen.

Idyllischer Flecken am Hochrhein: Büsingen

Um diesen einmaligen Zustand zu erklären, müssen wir über dreihundert Jahre in der Geschichte zurück in Zeiten, als der Flecken Büsingen noch zu Österreich gehörte und von einem Vogt Eberhard Im Thurn (der hieß so!) regiert wurde. Die Untertanen waren mit ihm zufrieden und er mit den Untertanen. Wenn nicht der Religionsunterricht gewesen wäre, für den die reformierten Pfarrherren im nahegelegenen Schaffhausen sorgten. Den fand Vogt Eberhard Im Thurn schlecht und drohte, er würde sich an den katholischen Bischof von Konstanz, also an die Konkurrenz, wenden.

Der Rat von Schaffhausen zeigt sich darob entrüstet und nahm es folglich zufrieden zur Kenntnis, dass einige mit dem Vogt verstrittene Verwandte die Gelegenheit nutzten, mit einer Kutsche nach Büsingen fuhren – das war am 10. April 1693 – den Vogt entführten und nach Schaffhausen schafften. Das wäre ja noch hingegangen, aber dass sie ihn nach einigen Tagen der Schaffhauser Obrigkeit übergaben, die ihn in den Kerker warf, das war entschieden zu viel. Aus einer Familienintrige war plötzlich eine staatspolitische Aktion geworden, ein Eingriff in die Landeshoheit Österreichs.

Versteht sich, dass Österreich sich das nicht gefallen ließ und die Getreideausfuhr in die Schweiz sperrte oder mit hohem Zoll belegte. Jetzt fühlten sich die Schaffhausener provoziert, machten dem Vogt den Prozess, bei dem er nur um Haaresbreite dem Henkersschwert entging, dafür aber zu lebenslänglichem Kerker verurteilt wurde.

Nun war Österreich wieder an der Reihe, beschlagnahmte Steuereinnahmen, konfiszierte Rheinschiffe und sogar Privateigentum von Schaffhauser Bürgern. Schließlich verlegte Wien sogar Truppen an die Schaffhauser Grenze.

Da endlich gaben die Schaffhausener nach und ließen Vogt Eberhard nach sechsjähriger Kerkerhaft frei. Die gleichen Leute, die ihn einst entführt hatten, mussten ihn 1699 in einer Sänfte bis vor sein Haus in Büsingen zurücktragen, Gerechtigkeit muss sein. Aber Friede herrschte keiner. Auch wenn es die Schweizer gern gehabt hätten: Büsingen wurde nicht in den Kanton Schaffhausen eingegliedert, sondern blieb österreichisch.

Erst beim Pressburger Frieden von 1805 kam Bewegung in die Geschichte: Büsingen wurde dem Königreich Württemberg zu geschlagen, fünf Jahre später später kam es zum Großherzogtum Baden. Jetzt hofften die Eidgenossen, Fürst Metternich werde sich auf dem Wiener Kongress von 1814/15 des Problems annehmen und ihnen Büsingen zurückgeben, aber es gab offenbar Wichtigeres zu regeln, als sich um dieses lächerliche Stückchen Land von gerade eben siebeneinhalb Quadratkilometern Fläche zu kümmern. So dauerte es über hundert Jahre, bis Büsingen nach dem Ersten Weltkrieg die Sache endlich selbst in die Hand nahm. 96 Prozent der Büsinger verlangten in einer Abstimmung die Eingliederung in die Schweiz.

Es kam sogar zu Verhandlungen, aber da die Schweiz dem Großherzogtum Baden kein entsprechendes Stückchen Land zum Tausch gegenbieten konnte, zerschlug sich auch dieser Plan. Zwar: Büsingen verlangte noch zweimal, 1924 und 1925, den Tausch der Reichshoheit und drohte, »vor keinem Gewaltmittel zurückzuschrecken«, aber Baden blieb hart und dekretierte, »dass an der politischen Zugehörigkeit der

Ein Staatsdiener zweier Nationen zeigt sich auf einem Büsinger Gebäude.

Auch am Landungssteg muss es landeshohheitlich korrekt zugehen.

Gemeinde Büsingen zum Land Baden nicht gerüttelt werden kann und somit alle Bestrebungen auf Loslösung derselben vom deutschen Reich aussichtslos sind«.

Trotz verschiedendlicher Rüttelei gilt dieser Zustand bis heute – mit allen Konsequenzen. Zum Beispiel: Da nach dem Zweiten Weltkrieg nun also auf einmal auch ein Stück besiegtes Deutschland in der Schweiz lag, rückte folglich ein französisches Truppenkontingent in die Schweiz ein und spielte in Büsingen Besatzungsmacht.

Inzwischen herrscht eitel Friede. Zum Beispiel ist heute der Fussballclub FC Büsingen – als einziger deutscher Verein – dem Schweizerischen Fussballverband angeschlossen, was will man mehr. Und keiner wohnt mehr dort, wo er sollte. Warum sollte er auch: Dank der Personenfreizügigkeit nehmen die meist ohnehin in der Schweiz arbeitenden Büsinger auch ihren ersten Wohnsitz in der Schweiz, weil so die Belastung durch die schweizerische Einkommenssteuer für sie geringer ist. Umgekehrt ziehen zahlreiche Rentner aus der Schweiz nach Büsingen, weil sie dort im Gegensatz zur Schweiz keine Vermögenssteuer zahlen müssen. Die Folge: Das Dorf Büsingen hat inzwischen den höchsten Altersdurchschnitt aller deutschen Gemeinden.

20 SCHWETZINGEN

Die Moschee im Schlosspark

Wie sich Zeiten und Geschmäcker ändern. Was für Empörung und Widerstand an manchen Stellen, wenn türkische Mitbewohner sich heute bei uns mit der gleichen Selbstverständlichkeit eine Moschee bauen wollen, wie die Christen seinerzeit im Heiligen Land die Grabeskirche.

Dabei war es hierzulande sogar einmal Mode, auf türkisch oder auf chinesisch zu machen. Es waren die Zeiten, als die Potentaten deutscher Länder darin wetteiferten, ihre Parks mit fremden Stilen zu schmücken. Mit Schloss Pillnitz entstand in Dresden sogar eine ganze Schlossanlage im chinesischen Stil, und im Schwetzinger Park immerhin die größte Anlage im morgenländischen Stil im deutschsprachigen Raum und damit die einzige noch erhaltene Gartenmoschee des 18. Jahrhunderts in Europa überhaupt – richtig mit Kuppelbau, zwei Minaretts und Wandelgängen.

Das Hauptgebaüde der Schwetzinger Moschee

Aus der Vogelperspektive überblickt man die Anlage bestens.

Freilich, was da der kurpfälzische Hofarchitekt Nicolas de Pigage im Auftrag des Kurfürsten Carl Theodor Ende des 18. Jahrhunderts baute, ähnelte nur einer Moschee. Die Kuppel glich einer spätantiken Zentralkirche, der Säulenportikus mit seinen korinthischen Kapitellen passte eher zu einem griechischen Tempel und die Minaretts hatten die Trajansäule in Rom als Vorbild. Und schließlich, der Wandelgang im orientalischen Stil war einem klösterlichen Kreuzgang nachempfunden.

Da war nichts echt. Die arabischen Sprüche in der Moschee waren keine Koranverse sondern allgemeine Lebensweisheiten in arabischer Schrift. Es fehlten die nach Mekka gerichtete Mihrab-Nische, die Predigtkanzel und vor dem Gebäude der Brunnen zum Reinigen der Füße.

Kein Wunder, diese Anlage im maurisch-islamischen Stil war ja auch nie ernsthaft als Moschee geplant worden, sondern als Teil der Lustbarkeiten, mit denen sich der Hofstaat über die tägliche Langeweile hinwegretten wollte und sollte. Nach dem Zweiten Weltkrieg sollen die Amerikaner den Kuppelbau daher auf ihre Weise zur Unterhaltung genutzt haben, indem sie ihn als Jazz- und Swing Club verwendeten. Islamische Gottesdienste fanden dagegen nur nach dem Deutsch-Französischen Krieg 1870/71 statt, als Kriegsgefangene aus dem Maghreb in der Nähe von Schwetzingen in Lazaretten lagen.

Heute ist die Moschee nur noch ein Schaustück, und es lohnt sich, das Ganze noch einmal in aller Gemächlichkeit anzusehen. Zumal sich das Land Baden-Württemberg nicht lumpen ließ und um die Jahrtausendwende allein für die Renovierung des Moscheegeländes zehn Millionen Euro ausgab – 2,5 Millionen für die Außeninstandsetzung der Moschee, sechs Millionen allein für die Sanierung der Gebetsgänge und schließlich noch einmal 1,5 Millionen für Innenarbeiten.

Zunächst muss man sich freilich in dem 72 Hektar großen Parkgelände zurechtfinden, und das bedeutet vom Schloss aus schon eine kleine Wanderung bis ans Ende des kunstvoll angelegten Parks. Dort, hinter Bäumen, tut sich auf einmal eine eigene Welt auf und man kann sich gut vorstellen, wie hier zu Beginn des 19. Jahrhunderts rauschende Kostümfeste im »türkischen Stil« stattfanden. Oder dass hier, so das Gerücht und die Fantasie, die orientalische Mätresse des Herzogs eine würdige Betstätte vorfand.

Lustwandeln Sie also gemächlich durch die ferne, exotische Welt des Orients, auch wenn sie in den Details nicht stimmt; träumen Sie sich, wie der herzogliche Hofstaat, mitten im Rheintal in den Zauber von Tausendundeine Nacht. Aber denken Sie auch mal daran, dass dieses Vergnügen weniger von den vielen bezahlt wurde, die als Untertanen draußen in Armut lebten. Die Moschee allein hat damals 120 000 Gulden gekostet und war damit das teuerste Bauwerk des Schlossparks. Kulturgüter sind eben nicht umsonst ...

Kuppel und Wandelgänge der Schwetzinger Moschee zeigen sich im orientalischen Gewand.

21 **REUTLINGEN**

Die engste Strasse der Welt

■ **Die fast schon kriminell enge Spreuerhofstraße in Reutlingen**

Das ist schon nicht mehr kurios, das ist eher schon skurril. Da gibt es in Reutlingen doch wahrhaftig eine Straße, die so schmal ist, das ein wohlgenährter Mensch nicht durchpasst. Eine kaum fünf oder sechs Meter lange öffentliche Straße, durch die sich selbst schmächtige Japaner lieber quer durchschieben, weil sie an der schmalsten Stelle gerade eben 31 Zentimeter misst, 43 an der breitesten. Nicht mal ein Fahrrad passt da durch, aber immerhin der amtierende chinesische Staatspräsident Hu Jintao, der bei seinem Besuch 1998 derart angetan war, dass er und sein Gefolge die Passage mehrfach durchquerten.

Natürlich ist diese »Spreuerhofstraße«, mittlerweile an die 300 Jahre alt, nie und nimmer als Straße geplant worden, bestenfalls als Flucht-

Ein Schild weist auf diese Reutlinger Kuriosität hin.

weg. Im Jahr 1726 war nämlich das Stadtviertel durch einen Brand völlig vernichtet worden. Damit nun künftige Feuer nicht mehr so leicht von Haus zu Haus überspringen konnten, hatte man, wie auch anderswo in Deutschland, beim Wiederaufbau die Häuser mit ihrem Gebälk nicht mehr Wand an Wand errichten lassen. Die schmalen Gänge dienten überdies vielleicht zum Löschen, sicher aber zur Flucht. In Städten mit Fachwerkbau kann man solche »Feuergassen« heute noch entdecken, zum Beispiel in Lindau, ohne dass man nun gleich von einer »Straße« redet.

Dass die Reutlinger den Übermut hatten, diese Ritze als Straße auszugeben und den Eintrag ins Guinnessbuch der Rekorde zu betreiben, der dann auch 2007 erfolgte, hat aber seinen Grund. In einer Karte aus dem Jahr 1820, also rund 100 Jahre nach dem Brand, ist dieser Durchgang als Ortsweg 77 und damit offiziell als Straße ausgewiesen. So einfach ist das.

Und vor allem: Es entspricht, wie Tanja Ulmer, die Tourismusbeauftragte der Stadt milde spöttelt, ohnehin der schwäbischen Mentalität und ist daher ein »typisch schwäbischer Rekord«. Die größte, breiteste und teuerste Straße würde doch nicht zu den Schwaben passen ...

Genau für so was ist der Navigator erfunden worden. Man stellt Spreuerhofstraße ein, und schon bringt einen das Zaubermaschinchen von sonst woher durch ein Einbahnstraßengewirr zur Spreuerhofgasse in Reutlingen. Nur dass man die aus verschiedenen Gründen nicht gleich findet, obwohl man davor steht.

■ **»Gegenverkehr« führt hier unweigerlich zur Kollision.**

Machen Sie es so: Sobald Sie sich einer großen gotischen Kirche nähern, suchen sie eins der zahlreichen Parkhäuser auf, gehen dann zum Chor dieser (Marien-)Kirche und dort die Metzgerstraße in Einbahnrichtung hinab. Linker Hand eine Art Gaststätte im Freien. Danach gehen Sie links in eine Art Hof und sehen vor sich eine Hauswand mit einem länglichen Schild, das Sie aus der Entfernung nicht lesen können. Es teilt mit, dass hier die schmalste Straße der Welt ist.

Andere Möglichkeit: Sie nähern sich der schmalen Straße vom andern Ende her, von der Mauerstraße also. Gehen Sie dort auf den alten Wehrturm zu, bis Sie genau da stehen, von wo das Foto aufgenommen ist. Sie kennen das schon vom vergeblichen Herumfahren. Gucken Sie jetzt rechts um den Mauervorsprung und entdecken Sie, von der Seite aus nicht sichtbar, das Schild Spreuerhofstraße, dazu noch einmal das gleiche längliche Schild »Spreuerhofstr. – Engste Straße der Welt – Narrowest street in the world«, das Sie von der Metzgerstraße her kennen. Sie stehen nun vor der 31 Zentimeter breiten Mauerritze, deretwegen sie nach Reutlingen gekommen sind.

22 BAD HERRENALB

DIE PARADIESKIEFER

Das Kuriose bei Bad Herrenalb ist, dass das Kuriosum auf so ziemlich jedem Prospekt vorn drauf zu sehen ist, der Betrachter das aber gar nicht bemerkt. Der Kenner gerät höchstens in Verwunderung, warum beispielsweise auf dem Prospekt »Baumkundlicher Führer Bad Herrenalb« nun gerade kein Baum abgebildet ist, der etwas hermacht – wie etwa der Urweltmammutbaum oder die Atlaszeder aus dem reichen Baumbestand des Kurparks, sondern eine simple Kiefer, wie sie zu Millionen im Schwarzwald stehen.

Nun könnte es sein, dass Kurgast und Besucher hier absichtlich mit einer schlichter Kiefer in Demut gehalten werden, um dann umso freudiger etwa dem Gingko, dem Chinesischen Blütenhartriegel oder dem Tulpenbaum entgegenzutreten,

■ **Blick auf die Herrenalber Klosterruine**

wenn es nicht gleich eine Riesenthuja sein soll.

Aber mit der Kiefer muss etwas sein, denn auch auf der Rückseite des Prospektes ist sie noch einmal zu sehen, diesmal in einer Zeichnung, bei der man im Hintergrund einen barocken Kirchturm erkennen kann. Das lässt hoffen. Kirche, Kirchturm und die Reste eines ganzen Klosters darum herum kennen wir von der Parkplatzsuche.

Die Klosterstraße, die vom Kreisel abgeht, führt uns zum Kloster, so weit, so gut. Da ist der Kirchturm, davor die Ruine eines eher filigranen gotischen Dreieckes, irgendwie dahinter, deutlich erkennbar, – hosianna! – die Kuppel einer Kiefer. Nur: Wo ist der Stamm? Man kann um die gotische Ruine herumlaufen – da wächst weit und breit keine Kiefer.

Genau darin aber bestehen Trick, Wunder und Kuriosum: Die ominöse Kiefer, amtlich *Pinus silvestris* geheißen, wächst gar nicht in Gottes Erdboden sondern hoch oben in der Luft aus der rückwärtigen Mauer der Ruine als wenn das so üblich wäre.

Sicher, es kommt vor, dass Samen in Mauerritzen fliegen und im Gemäuer austreiben. Die Älteren, die noch die zertrümmerten Städte vom Krieg her kennen, werden sich vielleicht erinnern, dass im Lauf der Jahre vor allem Birken aus den Ruinen wuchsen als wenn das so sein müsste.

Pädagogisch unauffälliger Anlass für Biologielehrer, über die geradezu unwahrscheinliche Sprengkraft harmloser Wurzeln zu reden. So wie Asphaltwege plötzlich einen Ritz bekommen und Löwenzahn austreibt, zart und saftig; so wie aus dem Schotter von Bahngleisen Gestrüpp Grünzeug wachsen kann, obwohl da ja eigentlich gar keine Erde ist – so wächst eben auch hoch oben aus einer Mauer ein ganzer Baum obwohl das gar nicht geht.

Denn von was lebt er eigentlich, wo bekommt er genügend Wasser her, wo krallen sich die Wurzeln fest und wie hält das auf die Dauer eine Mauer aus, wenn schon Löwenzahnwurzeln Asphalt sprengen können?

Der Reihe nach: Man weiß zwar nicht, wie alt dieser *Pinus silvestris* auf dem Torbogen der Kirchenmauer ist. Man weiß aber, dass er in den Jahren 1820 bis 1822 schon da oben in luftiger Höhe stand. Das sind nahezu 200 Jahre!

Und das soll ich glauben? Also sende ich eine E-Mail an die Stadtverwaltung von Bad Herrenalb und bekomme nach angemessener Zeit Antwort, die ich hier schon ihrer sprachlichen Schönheit wegen wiedergebe:

»Von unserem Tourismusbüro erhielten wir die Mitteilung bezüglich Ihrer Anfragen zur Kiefer auf der Ruine Paradies.

Seitens des Stadtbauamtes können wir Ihnen folgende Informationen geben:

Natürlich zeigt auch das Mauerwerk der Ruine Paradies Bewegungen dahingehend, dass gerade unterhalb der Kiefer das Sandsteingewände des Torbogens immer weiter aus dem Mauerverbund herausgedrückt wird.

Das Wurzelwerk der Kiefer bildet zusammen mit dem Mauerwerk der Ruine aber bisher jetzt noch ein statisches Gebilde, welches standsicher ist. Die Wurzeln gehen auch ins Erdreich, so dass die Kräfte auch dorthin mit abgeleitet werden.

Mit der Sprengkraft der Wurzeln auf den Mauerwerksverbund nimmt diese Standsicherheit aber ab.

Die Kiefer wird daher schon seit Jahren durch eine Vergurtung gesichert.

Leider wird es irgendwann zu der Entscheidung kommen müssen, ob das Denkmal ›Ruine Paradies‹ oder das Naturdenkmal ›Kiefer‹ erhaltenswerter ist. Sollte die Vitalität der Kiefer stark nachlassen, so müsste sie beseitigt werden ...«

Damit, Freunde, wollen wir uns zufrieden geben, denn noch ist es nicht so weit, und lieber im Café »Klosterscheuer« schräg gegenüber eine Weile darüber sinnieren, was für seltsame

Die Herrenalber Kiefer klammert sich regelrecht aufs alte Klostergemäuer.

und wundersame Dinge möglich sind, die es eigentlich gar nicht gibt.

Kommt man von Dobel her, im Kreisel links halten, 2. Ausfahrt und links zum Parkplatz. Auf die Kirche im Park zugehen, am Kriegerehrenmal vorbei rechts und man steht vor einer gotischen Ruine, dahinter Kirchturm und Kirche. Wir sind am Ziel, auch wenn kein Schild auf das Kuriosum hinweist. Tipp: Einmal in Bad Herrenalb bietet sich der Besuch des Feierabendziegel-Museums gleich nebenan an – Öffnungszeiten beachten!

23 WUTÖSCHINGEN-DEGERNAU

Das Seelenloch

Hier, Freunde, stoßen wir bei unserer Suche nach Kuriosem im Ländle voll Ehrfurcht an die Grenze von Raum und Zeit. Wir sind auf einmal nicht nur um die viereinhalbtausend Jahre zurück mitten in der Steinzeit, wir sehen sogar durch ein Steinloch in die Welt der Toten.

Sagenumwoben: das Degernauer Seelenloch

Es ist das »Seelenloch«, das 1936 der Lehrer Joseph Schneider als Rest eines Steinzeitgrabes entdeckt hat, ein von Menschenhand in harten Stein geschlagenes kreisrundes Loch, durch das, so die heutige Deutung, die Seele ins Totenreich entweichen kann, während der Körper für alle Zeiten sicher in einem Steinkistengrab ruht.

Aber auch früher schon und ohne Wissen um die eigentliche Funktion des Seelenloches haben Menschen in dem Stein magische Kräfte entdeckt: In der Hoffnung auf Heilung wurden kranke Glieder und sogar ganze kranke Kinder durch das steinerne Loch geschoben.

Natürlich hat der Pädagoge Schneider das Grab nicht mehr so vorgefunden, wie es einst war, son-

Um Wutöschingen findet sich so mancher »Hinkelstein«.

dern mit einiger Mühe rekonstruiert und pädagogisch aufbereitet, wie eine Tafel unmittelbar vor dem Seelenloch erklärt. »Steingrab, Megalithgrab mit Einstiegloch, 2000 v. Chr., Rekonstruktion« steht da zu lesen. Nichts Besonderes, wenn wir an die vielen Hünengräber mit Seelenloch in Norddeutschland, in der Bretagne und auf den Britischen Inseln denken, die typischen Relikte unserer Steinzeitvorfahren.

Wohl aber ein Unikat in Süddeutschland, zumal diese Grabkonstruktion, wie ich lese, eher im Kaukasus zu finden ist als der Typ des norddeutschen Hünengrabes. (Wie auch immer: So einzigartig ist sie übrigens nicht, wohl aber als rekonstruiertes Grab mit Menhir. Die Reste einer ähnlichen Megalithanlage gibt es in Baden-Württemberg in Niederschwörstadt am Südfuß des Dinkelberges. Sie wurde vor 150 Jahren zerstört, sodass gerade eben nur ein Stück Steinwand mit einem ovalen Seelenloch übrig ist.)

Wir stehen also hier in Degernau in jedem Falle vor einem Hünengrab und stellen fest: Zu sehen ist da

Hier können doch die keltischen Druiden nicht weit sein!?

nicht viel. Aufgeklärt, wie wir sind besehen wir uns Hügel, Stein und Loch (»Wie haben die das früher gemacht?«), und dafür der ganze Weg.

Aber ich denke, irgendwo ist da noch etwas anderes, auch wenn es lange her ist. Warum glaubten unsere Vorfahren, dass das Seelenloch heilen kann, wenn man das kranke Glied oder ein ganzes Kind durchschiebt? Bekanntlich gibt es mehr Dinge zwischen Himmel und Erde ... Warum nicht mal wie zufällig den Arm in das Seelenloch stecken und hoffen, dass das Rheuma weg geht. Zumindest: schaden tut's nicht.

Degernau liegt als einer von fünf Teilorten Wutöschingens am südöstlichen Rand des Schwarzwaldes, nur wenige Kilometer von der Kreisstadt Waldshut-Tiengen entfernt und berührt im Osten die Schweizer Grenze. Zum Steinzeitgrab kommt man, wenn man den Ortsteil Degernau auf der L 163A nach Osten in Richtung Erzingen verlässt. Etwa anderthalb Kilometer hinter dem Ort liegt rechts auf einer Anhöhe der Menhir, das Steinzeitgrab dazu in Sichtweite unmittelbar an der Straße unter einer Baumgruppe nicht weit von einem Parkplatz.

DER BETENDE TEUFEL IM MÜNSTER

Auch wenn Sie glauben, das Freiburger Münster sozusagen auswendig zu kennen, auch wenn Sie wieder und wieder hinein gepilgert sind und jeden Stein zu kennen glauben, es kann Ihnen – wenn Sie niemand aufgeklärt hat – glatt passieren, dass Sie nicht sagen können, wo sich der betende Teufel befindet. Das liegt ganz einfach an der Art, wie man ein solches Gebäude betritt. Kirchen haben nun einmal einen Sog nach innen, in das Raum beherrschende Kirchenschiff und den Altarraum. Wenn dann aber der Vorraum (auch Portalhalle, Paradies oder Narthex genannt), selbst schon durch seinen Figurenschmuck zum Verweilen einlädt, wird es schwierig. Und besonders, wenn, wie beim Freiburger Münster, allein schon im Vorraum nicht weniger als 190 Plastiken zu sehen sind, zum Teil winzig klein, alle aber an der Wand hoch über dem Türsturz.

Mit artig gefalteten Händen betrachtet der Teufel das Geschehen über dem Hauptportal des Freiburger Münsters.

Unzählige Figuren tummeln sich auf dem Freiburger Tympanon.

Stehen bleiben, sich halbstundenweise den Hals verrenken oder nach einem summarischen Blick über biblische Geschichten und Heilige endlich ins Münster hineingehen. Also es gibt wohl keinen, der sich sämtliche Figuren ansieht, ohne spezielle Einführung schon gar nicht.

So war das ja ursprünglich auch nicht gedacht. Was wir heute unter kunstgeschichtlichem Aspekt betrachten, war damals eine »Biblia pauperum«, eine Bibel der Armen. Da die Leute früher nicht lesen und schreiben konnten, führte der Geistliche seine Schäfchen vor eine solche Bilderwand und erklärte die Bibel und ihre Heiligen plastisch von Bethlehem bis Golgatha, von Himmelfahrt, Jüngstem Gericht bis Auferstehung oder Höllenfahrt.

Es ist keine große Kunst vom Ende des 13. Jahrhunderts, die man hier zu sehen bekommt. Ganz oben im Tympanon Jesus als Weltenrichter, in der Mitte der Gekreuzigte, unten das Kind in der Krippe, dazwischen und rundherum hunderte von Menschen, biblische Gestalten wie die Apostel oder den erhängten

Judas, oder völlig Unbekannte wie die Kriegsknechte am Kreuz oder die Verdammten und Erlösten ganz unten, die am Jüngsten Tag den Gräbern entsteigen, Himmel oder Hölle vor sich.

Rechts die Verdammten, die Mühe haben, überhaupt erst einmal unter den Grabsteinen hervorzukommen, links die Erlösten, die sich gegenseitig heraushelfen und wie die nackte Frau dabei sind, sich gerade etwas überzuziehen. Einmalig und überraschend dazwischen der nackte Mann, dessen erste Tat nach der Auferstehung darin besteht, sich erst einmal hohe schwarze Schnürstiefel anzuziehen.

Spätestens hier kommt man auf die Idee, dass der Künstler vielleicht manches nicht so ernst nahm, wie man es erwarten konnte. Dass Salome die Hinrichtung Johannes des Täufers mit einem Tanz feierte steht in der Bibel, aber nicht, dass Salome im Handstand um den Tisch hopst, wie hier an anderer Stelle dargestellt.

Oder dass bei der Darstellung der sieben Freien Künste die Dame Grammatik einem Jungen die Ohren langzieht und mit der Rute droht, während ein anderer danebensitz und fleißig lernt. Praktisch angewandter Glaube.

Damit komme ich nun wieder zurück zu unseren Auferstandenen, zu den Erlösten und Verdammten. Wie üblich, steht zwischen beiden Gruppen der Erzengel Michael und entscheidet mit der Seelenwaage, nach welcher Seite einer muss. Erzengel Michael ist also auch hier zu sehen. Ungewöhnlich und neu ist aber, dass in Freiburg dem Michael gegenüber leibhaftig der Teufel steht und empört zu ihm hinübersieht.

Das ginge ja noch. Aber dass dieser Teufel mit gefalteten Händen dasteht, ein betender Teufel, das geht denn doch zu weit. Das darf doch nicht wahr sein, auch wenn seit dem Mittelalter alle Welt diesen Teufel

Weiteres Kuriosum: Eine der erlösten Seelen bindet sich die hohen Schnürstiefel.

Auch an der Außenseite des Münsters wimmelt es nur so von kruden und kuriosen Gestalten.

den betenden Teufel nennt und er sogar als Wahrzeichen des Freiburger Münsters gilt.

Kein Wunder, dass Kunsthistoriker und Kleriker die Sache gern anders sehen. »Auf der Seite der unbekleideten Verdammten befindet sich nicht etwa das betende, sondern erbost die Hände ringende Teufelchen, dem eine Seele entgeht« schreibt zum Beispiel Markus Aronica in einem vom erzbischöflichen Ordinariat in Freiburg unterstützten Bändchen.

Und der sonst wenig hervorgetretene Kunst- und Kulturhistoriker Gustav Münzel erkennt, dass der »Teufel durch die zusammengeschlagenen Hände sein unwilliges Erstaunen ausdrückt«. Freilich, wenn so zusammengeschlagene Hände aussehen, kann man auch einen Schuhkarton als Fußball ausgeben.

Die Wahrheit ist, dass man den Teufel beten sieht. So wie ein paar Figuren weiter links den nackten Mann, der sich Stiefel anzieht. Was auch immer – kurios ist es allemal.

25 BLUMBERG

Die Achterbahn im Wutachtal

Sicher, auch sie gehört zu den inzwischen zahlreichen Oldtimerbähnles, die hauptsächlich an den Wochenenden die Menschheit familienweise mit viel Qualm, Geratter und Puff-Puff in die gute alte Zeit zurückbefördern. Aber gegenüber dieser Wutachtalbahn, wie sie amtlich heißt, sind all diese Puff-Puff-Bahnen höchstens fahrbare Museen, sentimentale Kindheitserinnerungen, wiederbelebte Vergangenheit. Kurios ist anders.

Kurios ist zum Beispiel, wenn eine Eisenbahnlinie wie die hier für die zwei kaum zehn Kilometer voneinander entfernt liegenden Zielbahnhöfe an die 25 Kilometer Schienen braucht. Normal ist dabei wohl, dass dieser Wunderexpress nach zahl-

Dampfzug auf der Sauschwänzlebahn

reichen Windungen und Verschlingungen, die ihm den Spottnamen »Sauschwänzlebahn« eingebracht haben, auch mal in einem Tunnel verschwindet. Kurios ist da schon eher, dass dieser Tunnel nicht gerade durch den Berg hindurchführt, sondern im Berg einen Kilometer im Kreis fährt und fast an der gleichen Stelle wieder herauskommt, wo er vorher im Berg verschwunden ist, nur ein paar Meter höher.

Damit sind wir bei der nicht weniger kuriosen Entstehungsgeschichte dieser Bahn, die, 1887 bis 1890 erbaut, fast sieben Jahrzehnte ohne den geringsten Zweck im offiziellen Linienverkehr fuhr, bis man 1976 den Mut fand, diese vollkommen unrentable Linie stillzulegen. Die täglich verkehrenden fünf Zugpaare wurden im Schnitt gerade eben von insgesamt etwa 40 Personen benutzt.

Warum also diese vollkommen unnötige Bahnlinie? Ganz einfach: Das geschah alles nur, weil das Elsass nach dem Deutsch-Französischen Krieg von 1870/71 deutsch geworden war. Die Berliner Reichsregierung befürchtete nun, dass Frankreich eines Tages versuchen könnte, Elsass-Lothringen mit Gewalt zurückzuerobern. Das Problem war nun: Die Franzosen waren in diesem Falle im Vorteil, sie waren sozusagen schon da und brauchten von Frankreich her nur einzurücken, während die Deutschen das südliche Elsass bei Muhlhouse nur schwer erreichen konnten.

Hier im Baarkreis, wo der Schwarzwald mit seinen Höhenzügen, Schluchten und Gewässern

am schwärzesten ist, war das Vorrücken von Truppen ausgesprochen schwierig und zeitraubend. Es gab in Südbaden keine einzige brauchbare Eisenbahnstrecke, die von Osten her direkt ins Oberelsass geführt hätte. Und die Strecke Konstanz–Singen–Basel, die eventuell in Frage gekommen wäre, führte an zwei Stellen durch Schweizer Hoheitsgebiet und es war zu befürchten, dass die neutrale Schweiz die Strecke für Militärtransporte einfach sperren würde.

Die deutsche Regierung bestand daher auf Bahnverbindungen, die die Schweizer Kantone auf deutschem Territorium umfahren, und schon baute man eine Bahnstrecke, deren unwahrscheinlich hohe Baukosten in keinem Verhältnis zu ihrem Nutzen standen. So bestand man zum Beispiel darauf, dass in dieser bergigen Landschaft die Steigung wie in der Ebene unter einem Prozent lag, was die Bahnstrecke durch Bögen, Schleifen und ganze Kreiskehren endlos verlängerte.

Auch wenn die Bahn in den beiden Weltkriegen tatsächlich vom Militär für Personen- und Materialtransporte benutzt wurde, in Friedenszeiten erwies sie sich als absolut unnötig und teuer. 1955 wurden daher Teile »bis auf weiteres« und bald auf immer stillgelegt, die dann zusehends verkamen.

Tatsächlich tauchten dann 1962 Bautrupps auf, aber es waren statt

Oben und Unten: Über spektakuläre Viadukte und durch zahlreiche Tunnels windet sich die Bahn durch die Landschaft.

Die Karte verdeutlicht, weshalb die Strecke mit einem Sauschwänzle verglichen wird.

der erwarteten Abrisskolonnen Bautrupps, um im Auftrag der NATO, die Strecke für 5,4 Millionen Mark zu renovieren und für den Schwerverkehr befahrbar zu machen. Hatte doch ein alter Wehrmachtsoffizier, den Blick geschärft durch den Kalten Krieg, im Erhalt der Wutachtalbahn tatsächlich ein Gegenmittel gegen die sowjetische Bedrohung erkannt.

Aber es half alles nichts. Auch wenn das Bundesverteidigungsministerium von 1964 bis 1974 jährlich 50 000 Mark zum Unterhalt der Strecke zur Verfügung stellte – am 1. Januar 1976 erfolgte dann die »endgültige Stilllegung« dieser für den Weltfrieden so wichtigen Strecke. Aber nur, um im Mai 1977 den Betrieb als Museumsbahn aufzunehmen. Am 21. Mai, fast auf den Tag genau 87 Jahre nach der Eröffnung der alten Wutachtalbahn, fuhr der erste Zug.

Es gehört zu den Merkwürdigkeiten und Überraschungen, dass die Sauschwänzlebahn seit ihrer Wiedereröffnung als Museumsbahn Gewinn einfährt. Allein in den ersten knapp zwei Jahrzehnten Museumsbetrieb stiegen mehr als anderthalb Millionen Menschen in das Bähnle, das 1988 daraufhin sogar zum technischen Denkmal von nationaler Bedeutung erhoben wurde.

Zum Schluss ein Tipp für Leute, denen Bürgermeister sein nicht genug ist. Seit 1988 gehört die Strecke der Sauschwänzlebahn der Stadt Blumberg. Das hat zur Folge, dass der jeweilige Bürgermeister gleichzeitig Eisenbahndirektor ist. Wie wär's? Dorfschultes kann jeder werden, aber gleichzeitig auch noch Bahnchef? Das gibt's in Deutschland nur ganz selten ...

Verkehrstage und Abfahrtszeiten der Museumsbahn (nur während der Museumsbahnsaison von Mai bis Oktober) im Internet unter www.sauschwaenzlebahn.de. Weitere Informationen: Alexandra Scherer, Museumsbahn Wutachtal/Sauschwänzlebahn, Bahnhofstraße 1, 78176 Blumberg, Telefon (0 77 02) 47 76 04, info@sauschwaenzlebahn.de

Die Zwergenparade im Schlossgarten

Keine Kuriositätensammlung ohne Zwerge, und wenn es nur Perkeo ist, der Zwerg vom Heidelberger Fass, oder der legendäre anonyme Hofzwerg, der aus der Torte heraus marschiert, die auf der Speisetafel angeschnitten wird. Ohne Gnome und andere verwachsene Gestalten mit langen Zipfelmützen und Bärten geht es offenbar nicht, besonders, wenn es so freundliche Herren sind wie die, die unter den Steinbänken auf Schloss Lichtenstein kauern und schelmisch hervorlugen. Von Zwergenkönig Laurin zu Zeiten des Dietrichs von Bern bis heute zu den Gartenzwergen im Vorgarten sind sie präsent. Es gab aber eine Zeit, da sie einen besonderen Typ bildeten und ganze Schlösser beherrschten.

Die Weikersheimer Zwerge repräsentieren vermutlich die Berufsgruppen bei Hofe, hier die Hofräte.

»Schuld« daran ist der Lothringer Zeichner, Graphiker, Kupferstecher

und Radierer Jaques Callot, der in den beiden Jahrzehnten vor 1635 in der Art der Manieristen eine bizarre, bunte Welt grotesker Motive schuf, die er mit Witz und Detailtreue behandelte – Hofleute ebenso wie Bettler, Krüppel und Zwerge.

Es war dieses Callotsche »Zwerchen Cabinet«, seine Krüppelzwerge mit Kröpfen, Höckern und unförmigen Bäuchen, die plötzlich überall nachgeahmt wurden und Eindruck machten. E.T.A. Hoffmann, der Literat und Dichter, fand in den Callotschen Figuren und Gruppen »etwas fremdartig Bekanntes« und derart Seelenverwandtes, dass er sogar selbst eine Sammlung von Aufsätzen, Erzählungen und Märchen mit dem Untertitel »In Callots Manier« herausgab.

Jetzt also die berühmte Zwergengalerie auf Schloss Weikersheim, die einzige, die die Jahrhunderte unzerstört überstanden hat. Weder die Salzburger Barockzwerge im Mirabellengarten zu Salzburg, noch der Zwergengarten im Steyrer Schloss sind unbeschädigt durch die Zeit gekommen, allein die 16 Figuren in Weikersheim paradieren in alter Frische vor Graben und Gartenfront

Vor dem Hauptgebäude des Weikersheimer Schlosses paradieren die zahlreichen Zwerge.

des Schlosses und sind ein fröhliches Unikum.

Allerdings: Die Weikersheimer Zwerge sind auch erst rund hundert Jahre nach Callot entstanden, stehen also bestenfalls in der Tradition Callots. Der entscheidende Unterschied: Sie heißt zwar noch Zwergengalerie, es sind aber nicht mehr kleine, verwachsene bucklige Menschen, sondern im Grunde ganz normale, wenn auch kleine und dickliche Figuren, die eher karrikiert als komisch oder fremdartig sind.

Bis vor einiger Zeit war man sogar überhaupt der Meinung, dass die Herren von Weikersheim sich einen Spaß gemacht und ihren Hofstaat im Zwergenformat in den Garten gestellt haben – dass, in der Sprache von damals »bilter in garten so zwerglen gestalt worden sind, Jedes à 8 Rh[einische] Daller«. Heute ist man aber der Meinung, dass Graf Carl Ludwig (1674-1756) seine Bediensteten nicht als individuelle Personen, sondern eher als Berufsgruppen vorgeführt hat, auch wenn (ganz rechts außen) der Hofjude kenntlich an Brille und Geldkasten, ausdrücklich als Lämmle Seeligmann geführt wird.

Man sollte sich Zeit nehmen und an der einmaligen Galerie (und damit an der ganzen Breitseite des Schlosses) gemächlich entlang wandern und dabei den Blick nach allen Seiten werfen: auf die vornehme Renaissancefassade von Weikersheim, auf die lustige Zwergengalerie und auf den eleganten Garten mit seinem klassischen Figurenschmuck rund um den Springbrunnen, flankiert und abgeschlossen von der Orangerie am andern Ende gegenüber. Es lohnt sich übrigens, am Eingang zwei kleine Leporellos mit der »Gnomengalerie Weikersheim« zu erste-

Die Haushofmeisterin und der Hofnarr

hen, weil man hier (und nur hier) mit neckischen Versen über Reihenfolge, Funktion und Position des kleinen Hofstaates aufgeklärt wird.

Es fängt an ganz links außen mit dem unwirsch-überheblichen Hofjägermeister, dann kommt die Gänseliesl mit dem Strohhut und der Hofnarr, danach der Keller- und Küchenmeister mit dem Schinken, die Hofgärtnerin mit dem Blumenstrauß und der Faulpelz, auf den Stock gestützt und die linke Hand im die Jacke geschoben. Herb und unnahbar die Haushofmeisterin mit dem Fisch und der Trommler.

Rechts der Brücke dann der Wachtmeister und daneben das Hoffräulein, hoheitsvoll und grimmig. Es folgt der Hofrat mit den aparten Sepplhosenträgern, würdig und redebereit, und dann die Kammerzofe mit dem Hofhündchen. Und schließlich: die Hofköchin, der Kammerkassierer mit dem stolzen Bauch, unser Hofjude mit seiner Geldzählerei und zu guter Letzt der Braumeister mit der riesiger Malzdolde. 16 Personen und Berufe insgesamt, präsentiert mit verschmitztem Charme und freundlicher Ironie, nur dass die Untertanen, wie sich das gehört, entsprechend ihrer Bedeutung gegenüber dem Herrscher auf Zwergenformat zusammengeschrumpft sind.

Graf und Hofstaat fühlten sich ohnehin unter dem griechischen Göttern und Helden im Park besser aufgehoben und widergespiegelt, und davon gibt es eine Menge. Glaube niemand, dass er Kraft und Ausdauer hätte, sich sämtliche vorhandenen Figuren und Statuen in Weikersheim hintereinanderweg mit Verstand anzusehen, es sind 118.

Kurios übrigens auch der Schlossbau selbst. Von außen fällt es nicht weiter auf, aber wenn man im Schlosshof steht, ist es nicht zu übersehen. Schloss Weikersheim ist ungewöhnlicher und unnötiger Weise ein Dreiecksbau – die Renaissance machts möglich.

Man steuere den Marktplatz in 97990 Weikersheim an, lasse sich zum Parkplatz leiten. Dort ist dann das Schloss: Marktplatz 11, Telefon (0 79 34) 99 29 50 (Kontakt und Führungen), info@schloss-weikersheim.de

Schloss und Park sind geöffnet: 1. April bis 31. Okt.: Mo–So 9–18 Uhr, 1. Nov. bis 31. März: Mo–So 10–12 und 13–17 Uhr. Genügend Gaststätten und Lokale auf dem Markplatz.

Die Hofgärtnerin und der Keller- und Küchenmeister

Der Donnerbalken unterm Parkhaus

■ **Im römischen Rottenburg konnte man plaudernd oder Ränke schmiedend seine Notdurft verrichten.**

Unsere nächste Kuriosität suchen wir zur Abwechslung einmal unter der Erde. Zu diesem Zwecke fahren wir ins gute alte Sumelocenna der Römerzeit, heute bekanntlich ein harmloses Bischofsstädtchen namens Rottenburg am Neckar. Und bequemer als hier in Rottenburg kann man's eigentlich kaum haben. Man fährt, nicht weit vom Dom, in das Parkhaus in der Sprollstraße, am Wochenende sogar umsonst, und schon ist man zweitausend Jahre zurück im römischen Sumelocenna angelangt.

Das Römische Stadtmuseum befindet sich nämlich unter der Garage – man braucht nur den Schildern zu folgen, um das Parkhaus herum zu gehen, und schon ist man da und fühlt sich an den Bestseller aus den Jahren 1959 »Mit dem Fahrstuhl in die Römerzeit« erinnert, mit

Das Bischofsstädtchen am Neckar hat eine reiche und beeindruckende römische Vergangenheit.

dem Rudolf Pörtner die verblüffte Nation unter die Oberfläche von Köln und in die Keller lockte.

Und so ist es tatsächlich auch hier. In den letzten 2000 Jahren ist die alte Römerstadt Sumelocenna wie Köln halt auch längst von unseren Vorfahren überbaut worden, und vom guten alten Sumelocenna ist nur noch die Ausgrabung unter dem Parkhaus zugänglich.

Voller Ehrfurcht betritt man also die geheiligte Stätte. Und schon sieht man eine Art Wendeltreppe, deren völlig ausgetretene Stufen noch tiefer nach unten führen in einen Raum, den die alten Römer, nach den abgenutzten Stufen zu urteilen, offenbar oft aufgesucht haben. Und wovor stehen wir? Vor einem Amtsgebäude? Vor einem öffentlichen Platz? In einem Kultraum? Wir stehen vor einer 32 Meter langen öffentlichen antiken Bedürfnisanstalt. Eine lange Sitzbank über einem Wasserkanal, auf deren Löcher sich mehr als zwei Dutzend Leute gleichzeitig nebeneinander hocken und in den darunter fließenden Bach erleichtern konnten. Beim Militär hieß so was Donnerbalken.

Vor der Sitzbank eine Rinne mit fließendem Wasser, in das man einen Schwamm an einem Holzstiel eintauchen und mit dem man sich hinterher und hinterrücks reinigen konnte. Frage mich keiner wie, und ob da nur Männer, oder ob da vielleicht eine Trennwand, oder auch gar nichts, und wie eisig das im Winter war – was wissen wir schon von den alten Römern? Merke jedenfalls: »Naturalia non sunt turpia« – das Natürliche ist keine Schande.

Ich freilich ziehe das öffentliche Klo im italienischen Ostia oder im

Über den ausgedehnten Museumsräumen befindet sich ein großes Parkhaus.

griechischen Philippi vor. Da ist sogar die Sitzfläche aus Marmor, das Klima besser und die Sitzreihe rundum an den vier Wänden lang, was die Unterhaltung erleichtert. Es müssen ja nicht gleich die ganz großen Bedürfnisanstalten sein, wie im alten Rom, wo bis zu 80 Besucher unter dem Segen der Schutzgöttin Venus cloacina nebeneinander Platz fanden, während die ganz Eilig-Geplagten mit den »necessariae« vorlieb nehmen konnten, um die Hauswände zu schonen. (Allerdings: Das Reihenklo in Hechingen-Stein ist auch nicht schlecht und hat seine Meriten, liegt auch hübsch angesichts der Hohenzollern; es ist möglicherweise aber nicht ganz authentisch ...)

Wie dem auch sei – es ist zwar keine bedeutenden Kulturstätte und kein Kulturdenkmal mit Baedekerstern, wo aber in deutschen Landen können wir uns heute noch in den Schutz der Venus cloacina begeben wenn nicht hier im Schwäbischen?

Auch wenn die amtliche Adresse »Am Stadtgraben in 72101 Rottenburg am Neckar« lautet – der Zugang ist unter dem Parkhaus in der Sprollstraße und von dort aus auf der Rückseite leicht zu erreichen. Es ist geöffnet: Di–Fr 10–12 und 14–16.30 Uhr, Sa, So und feiertags 10–16.30 Uhr, Mo geschlossen. Telefon (0 74 72) 16 53 51 und 16 53 71, Führungen nach Terminvereinbarungen.

28 MOSBACH, BIBERACH AN DER RISS

KEHRWOCHE IM KIRCHENSCHIFF

Man stelle sich vor: Zwei Sportvereine benutzen den gleichen Sportplatz. Wie macht man das, dass es keinen Streit gibt? Das Einfachste: Man teilt die Benutzung zeitlich auf, einer früh, einer nachmittags und auf Wunsch auch mal umgekehrt. Nicht so in unserem Fall. Da wird der Sportplatz schlicht durch eine Mauer geteilt, die quer über den Rasen geht; der Hundertmeterlauf

St. Juliana in Mosbach: die katholische Seite samt Schmerzensmann (links) und die evangelische Seite samt Orgel

wird eben einfach in zweimal fünfzig aufgeteilt.

Ich erzähle das, um Sie vorsichtig darauf vorzubereiten, dass es eine solche Narretei allein in Deutschland mehr als fünfzigmal gibt, nur dass es keine Sportplätze, sondern die Versammlungsräume von Menschen sind, die angeblich den Raum zu dem gleichen Zweck aufsuchen.

So in Mosbach im Neckar-Odenwald-Kreis. Da gehen die Protestanten in die Stiftskirche und die Katholiken in St. Juliana, aber da beide Parteien das gleiche Haus meinen, hat der zuständige Kurfürst um 1700 eine weise Entscheidung getroffen, um jeden Streit unter den Christen zu vermeiden. Er legte fest, dass die Christen, wenn sie schon verschiedene Konfessionen hatten, dann wenigsten beide die gleiche Kirche weiterbenutzen sollten. Man brauchte ja nur die evangelische Stiftskirche durch

Die katholische Kanzel (links) präsentiert sich barock und puttenbestückt, die evangelische in fast schon schlichter Gotik.

eine Mauer im Kirchenschiff von der katholischen St. Juliana zu trennen. So geschah es und die sogenannten Simultankirchen waren erfunden.

Und so wurde 1707 der Chorteil der Stiftskirche an die Katholiken vergeben und das den Protestanten zugeteilte Langhaus durch eine Mauer abgetrennt. Außerdem erhielten die Protestanten den auf der katholischen Seite liegenden Turm mit den Glocken, die, so einig können sich Christen sein, auch zu den katholischen Gottesdiensten läuteten. Nur bei der Orgel gab es Streitigkeiten, der Orgeltisch befand sich nämlich (bis heute) auf der evangelischen Seite, der Blasebalg (bis heute) auf der katholischen ...

Während in den meisten Simultankirchen im Laufe der Jahrhunderte die Trennmauer gefallen war, in Mosbach steht sie bis heute, und wenn der Blasebalgtreter eben bis vor kurzem keinen Schlüssel zum katholischen Teil hatte, blieb die Orgel stumm.

Erst zum 300. Jahrestag des frommen Mauerbaus, also 2007, kamen die evangelische und die katholische Gemeinde von Mosbach endlich überein, – nein, nicht die Mauer etwa abzureißen, wo käme man hin – sondern im Zeitalter der Ökumene wenigstens Öffnungen in der Trennmauer zu vereinbaren.

Im Jahr 2007 wurde in Mosbach die trennende Mauer durchbrochen.

Die Mauer wurde also durchbrochen, an mehreren Stellen wurden Türen eingebaut sowie einige Stufen, da der katholische Teil etwas höher liegt als der evangelische. Am 27. Juli 2008 wurden die Türen zwischen den beiden Kirchen zum ersten Mal geöffnet.

Kurzer Ausflug ins Ausland: Bei der Simultankirche im pfälzischen

■ **In Biberach wird das Kirchenschiff von beiden Konfessionen genutzt.**

Wachenheim an der Weinstraße wäre so etwas gar nicht möglich. Auch da hatten sich Katholiken und Reformierte 1705 die Kirche geteilt, die Katholiken bekamen den Chor, die Protestanten das Schiff.

Und damit alles seine Ordnung hatte, wurde ein paar Jahre später das Kirchenschiff zum Chor hin einfach bis oben hin zugemauert. Das erwies sich als sehr praktisch. Als den Reformierten ihr Schiff eines Tages zu altmodisch vorkam, rissen sie es einfach ab und ersetzten das Langhaus durch ein neugotisches, sodass in Wachenheim die Kirche aus zwei unabhängig voneinander entstandenen Teilen zusammengeklebt ist, die offenbar so wenig Verbindung miteinander haben wie deren Mitglieder in der einen heiligen Kirche.

Da lob ich mir die Simultankirche in Biberach, eine der ältesten Simultankirchen Deutschlands, die nun bald ein halbes Jahrtausend von Katholiken und Protestanden gemeinsam und ohne Trennmauer benutzt wird. Zwar: Auch da gab's gelegentlich mal Reibereien, wenn der eine oder andere Pfarrer seine Predigt absichtlich überzog, um die andere Gemeinde solange draußen in Wind und Wetter warten zu lassen.

Auf der anderen Seite lehrt so eine Simultankirche auch Toleranz, wenn zum Beispiel eine evangelische Bibel auf dem auch von Katholiken genutzten Altar liegt. Als ob nicht in beiden haargenau das gleiche stünde, nur in anderer Übersetzung. Das wurde erst anders, als die katholische Seite nach der Liturgiereform des Zweiten Vatikanischen Konzils in den 1960er-Jahren im gemeinsamen Kirchenschiff ein eigenes Lesepult für ihre Bibel aufstellen durfte.

Simultankirchen führen aber auch beim Saubermachen zu Toleranz und gegenseitiger Achtung. In Biberach ist das vorbildlich geregelt. Jede Konfession hat ihren Reinigungsdienst, das Putzrevier ist klar geteilt, Protestanten fegen das rechte Kirchenschiff, Katholiken das linke. Auf der Empore, abwechselnd von beiden gepflegt, herrscht dagegen Ökumene.

Ähnlich klare Verhältnisse herrschen in Biberach auch bei den Energiekosten. Bei der letzten Renovierung nutzte man die Gelegenheit, jeder Konfession einen eigenen Stromzähler einzubauen. So muss der jeweilige Mesner nur noch den Zähler vor Kirchenbeginn an- und zu gegebener Zeit abstellen, und schon kann es keinen Streit darüber geben, wessen Gotteslob teurer war.

Selbst die Schriftenständer der beiden Kirchengemeinden hängen einmütig Seit an Seit.

Kuriose Museen

Es gibt nichts, was man nicht sammeln kann – nützliche Dinge wie alte Schrauben und krumme Nägel oder Unnützes wie echten Müll aus der Mülldeponie – man braucht dazu nur ins »Müllmuseum Wallbach bei Bad Säckingen zu fahren und kommt aus dem Staunen nicht mehr heraus. Man kann auch Sand sammeln, reinen, nackten Sand, wie jene Dame in Stuttgart, die in 4750 Rollrandgläsern ebenso viel Sandproben aus aller Welt besitzt, sorgsam registriert und wändeweise aufgestellt. Oder jener Rentner aus Steinenbronn, der in den letzten Jahrzehnten an die 3500 Bierdeckel aus aller Welt gesammelt und in seinem Hobbyraum an die Wand genagelt hat.

Allein in Baden-Württemberg gibt es 1270 Museen, davon an die 150 zum Thema Kunst, von der Gotik über die Grötzinger-, Gutacher oder Hollerbacher Malerkolonie bis zur Ostasiatischen Kunst oder Outsider Art bis hin zur der in Fachkreisen berühmten Sammlung Prinzhorn, die seit 2001 die Gemälde von »Verrückten«, oder seriös formuliert: von rund 450 Anstaltsinsassen psychiatrischer Kliniken der Öffentlichkeit zugänglich macht.

Tatsächlich: Es gibt nichts, was man nicht aufbewahren, sammeln und zeigen kann. Davon allein 40-mal Museen mit den alten Römern, 14-mal mit alten Autos oder zu Dutzenden Fastnachtsbräuche und Dorfheilige.

Was wir suchen, ist freilich das Unikat und nicht das fast Gleiche noch einmal; das Museum, das es mit seinem Thema nur einmal gibt, die Sammlung also, die in sich schon kurios ist.

Aber wo anfangen?

SCHLOSS MOCHENTAL SAMT BESENMUSEUM

Versteht sich, dass einem hierzulande gar keine Wahl bleibt. Hier, wo der liebe Gott zum Wohle der Menschheit die heilsnotwendige Kehrwoche eingeführt hat, kann man ja nur mit dem weltweit ältesten Besenmuseum anfangen.

Dazu müssen wir westlich von Ehingen im Alb-Donau-Kreis zum Barockschloss Mochental pilgern, wo man seit 1985 bestaunen kann, wie verschieden in der Welt zusammengekehrt wird: mit ganz gewöhnlichen Besen und Kehrgeräten, aber auch mit asiatischen Elefantenschwanzbesen, mit Dattelpalmrippen im dem Beduinenzelt oder einem kenianischen Affenschwanzbesen.

Nichts, was nicht abwegig genug wäre, denn Besen sind ja nicht nur Geräte zum Saubermachen, sondern auch zum Beschwören und Zaubern.

Schloss Mochental bei Ehingen beherbergt ein veritables Besenmusem.

Schon bei den alten Römern fegten die Hebammen mit einem gesegneten Besen die Schwelle des Hauses, in dem ein Kind geboren war. Die Zeremonie sollte böse Einflüsse vom Neugeborenen und der Wöchnerin abhalten. Da machte man bei besonderen Anlässen wie Hochzeiten oder Sonnenwende aus dem gleichen Grunde Sprünge über den Besen und da gab es bei den bösen Hexen bekanntlich den Hexenbesen, mit dem sie zum Hexensabbat durch die Lüfte ritten.

Und was erst passiert, wenn ein Unkundiger mit so einem Zauberbesen umgehen will, zeigt die erschreckende Geschichte von Goethes Zauberlehrling. Der Besen macht sich selbstständig. So geht es: Unversehens ist aus dem Reinigungsmittel und Kulturgegenstand Besen ein Zaubermittel geworden, aus einem Kuriosum eine doppelbödige Angelegenheit.

Wer nach solchen Erlebnissen Rast und Ruhe braucht, wird sich über das gemütliche Schlosscafé freuen, bevor er im gleichen Schloss noch andere Ausstellungen ansieht oder einen lohnenden Bummel rund um das pompöse Barockschloss macht, das sich 1730 die Äbte von Zwiefalten als Sommersitz gebaut hatten, und die Fenster zählt. Es sollen nämlich 365 sein, für jeden Tag eines.

Hier finden sich alle nötigen Utensilien für eine standesgemäße Kehrwoche.

Schloss Mochental (im Kirchener Tal bei Ehingen), Telefon (0 73 75) 4 18, www.Schrade-mochental.de

Geöffnet: Di bis Sa 13–17 Uhr, So und feiertags 11–17 Uhr, Führungen nach Voranmeldung. Tourist-Info: Stadt Ehingen, Marktplatz 1, 89584 Ehingen (Donau), Telefon (0 73 91) 5 03-2 16, r.koch@ehingen.de

SCHLOSS GOCHSHEIM UND DAS BÜGELEISENMUSEUM

■ **Gochsheim kann mit einem Bügeleisenmuseum aufwarten.**

Was ist kurios an einem Bügeleisenmuseum? Die Harmlosigkeit des Gegenstandes in seinen hundertfachen Varianten? 1300 Bügeleisen sind hier aus allen Epochen und Ländern gesammelt, mehr oder weniger primitiv, unhandlich und nicht zu vergleichen mit den heutigen bequemen Dampfbügeleisen, die man einfach anstellt.

Oder liegt das Kuriosum in der Sammelwut? In der Überraschung, was man nicht alles aufheben und für Geld zeigen kann? Wie der Karlsruher Rechtsanwalt Heinrich Sommer dazu kommt, die größte Bügeleisensammlung der Welt aus allen Epochen und Ländern ausgerechnet in Gochsheim auszustellen?

Was mich bei solchen Sammlungen einfacher und nützlicher Gebrauchsgegenstände fasziniert, liegt woanders. Es ist die Möglichkeit, den Erfindergeist des Menschen an einem bestimmten Gegenstand zu verfolgen. So wie sich Handfeger und Stielbesen aus Tierfell, Ästen und Tierschwänzen entwickelt haben, so gucken wir hier bei der Erfindung des Bügeleisens zu.

Es begann im 15. Jahrhundert mit einer Metallplatte samt Griff, die auf der heißen Ofenplatte erhitzt werden musste. Ein mühseliges Geschäft mit ständigem Aufheizen und Abkühlen der Platte. Im späten 17. Jahrhundert erfand man das hohle Bügeleisen. Hier wurde ein heißglühendes Eisen von hinten in den Hohlraum

Unzählige »Plätteeisen« gibt es hier zu bestaunen.

geschoben. War das Eisen abgekühlt, wurde es mit einem Haken ins Feuer zurückgelegt und das nächste inzwischen aufgeheizte Eisen eingelegt. Das Bügeln war ein mühseliges Geschäft zwischen zu heiß und zu kalt, zwischen verbrannt und gebügelt. Folglich erfand man das Wechselbügeleisen, bei dem man den Griff vom erkalteten Eisen abnahm und schnell auf das nächste erwärmte Eisen eingeklinkte oder gar glühende Kohlen ins Bügeleisen füllte. Der letzte Schrei waren schließlich Spiritusbügeleisen, bis um 1880 dann das elektrische Bügeleisen aufkam – aber bis es unsere bequemen Modelle gab, verging doch noch einige Zeit.

Museum im Schloss Gochsheim, Hauptstraße 89, 76703 Kraichtal, Telefon (0 72 50) 77 44, kultur@kraichtal.de, www.kraichtal.de; Öffnungszeiten: April bis Okt. (nicht im August) So 14–17 Uhr, Gruppen nach Vereinbarung.

PROSIT: DAS SCHUSSENRIEDER BIERKRUGMUSEUM

Also man möcht es nicht glauben, dass »Deutschlands erstes und weltweit einziges Bierkrugmuseum« im Schwäbischen und nicht im Bayerischen liegt. Dass so was sein darf!

Schuld daran ist offenbar der Brauereibesitzer Jürgen Ott in Bad Schussenried, der rund um seine Brauerei ein echtes Bierdorf hat entstehen lassen mit Bierkrugstadel und allem, was dazu gehört, samt Biergarten und historischer Brotzeitstube.

Und um das Ganze zu krönen, hat der Mann doch wahrhaftig ein eigenes Bierkrugmuseum aufgemacht mit über tausend historischen Bierkrügen – und was für Kunstwerken! Kaum zu glauben, aus was für schönen und exotischen Gemäßen aus Silber, Marmor und Elfenbein sich Adlige, Bürger, Studenten und sogar Damen-Bierkränzchen den Gerstensaft kredenzen ließen. Da gibt es sogar einen Straußenei-Krug aus dem Jahr 1670 und den größten handgeschnitzten Holzbierkrug der Welt – Herz, was willst du mehr. Dazu in einem eigenen Schauraum der Brauerei den drittgrößten Bergkristall der Welt, der mit seinem Gewicht von einer Tonne auf ewig an die Kreation des neuen Weizenbieres namens »Bergkristall« erinnern soll.

Hat man sich sattgesehen, kann man sich dann mit Hilfe schlichterer Krüge nahezu jederzeit im Bierkrugstadel zusammen mit 350 anderen fröhlichen Menschen auch satttrinken. Also auffi!

Bierkrugmuseum, Wilhelm-Schussen-Straße 12, 88427 Bad Schussenried, Telefon (0 75 83) 4 04-11, info@schussenrieder.de, www.schussenrieder.de

Geöffnet: Mai bis Sept. täglich 10–17 Uhr, Okt bis April Di–So 10–17 Uhr.

Bad Schussenried: Bierkrüge so weit das Auge reicht

TURNED APPLE UND DAS INDIANERMUSEUM BRETTEN

Bei Bretten fällt dem mitteleuropäischen Bildungsbürger der Herr Schwartzerdt ein, jener Humanist und Reformator, der einem allgemeinen Drange der Zeit folgend seinen Namen »Schwarz-Erde« wörtlich ins Griechische übertragen hatte und sich Philipp Melanchthon nannte. Er wurde 1497 hier geboren, war noch als junger Mann nach Wittenberg zu Martin Luther gezogen und hatte dort mit diesem für die Reformation gekämpft. Sein Denkmal steht in Bretten auf dem Kirchplatz.

Ohne Denkmal muss hier dagegen noch der Sachse Thomas Merbt auskommen, obwohl auch er einen zweiten Namen besitzt, seit ihn im Jahr 1998 der Häuptling der Santa-Rosa-Creek-Indianer in Florida adoptiert und Turned Apple, »Umgekehrten Apfel« genannt hatte. Der Name beschreibt die Tatsache, dass das Bleichgesicht Merbt nach seinen vielen Kontakten mit den Indianern Amerikas im Herzen eigentlich eine Rothaut war, nach der Hautfarbe freilich ein Bleichgesicht – im Gegensatz zu den pausbäckigen roten Äpfeln mit ihrem weißen Inneren.

Turned Apple war 1961 das erste Mal und, wie es sich in solchen Fällen gehört, als mittelloser Schiffsjunge in die USA gekommen und hatte seitdem offensichtlich bei zahlreichen weiteren Besuchen, aber auch bei den amerikanischen Garnisonen in Deutschland vieles aus Old America erworben. Das war naturgemäß oft ein reines Sammelsurium, Büffelmist nahm er genauso wie indianische Originalkleidung der Oglalas oder Mohawk-Indianer, einen ausgestopften Büffel, Indianerzelte,

Kleidung, Schmuck und Waffen der »Rothäute« …

■ **... wechseln sich in Bretten mit Planwagen und Ausrüstungsgegenständen der »Bleichgesichter« ab.**

eine Kugeltasche eines Choctaw-Indianers von 1830 oder die Gürtelschnalle des Generals Custer, wer das auch immer war. Aus Südamerika hatte er einen echten Einbaum und Blasrohre.

Immerhin, es reichte, um ganze Scheunen zu füllen und einen regen Betrieb zu entfachen bis hin zu Kindergeburtstagen, die man hier im Indianermuseum mit »Huhuhu« feiern kann. Ein Blick in die Internet-Adresse und man erfährt die Möglichkeiten und Termine.

Turned Apple bietet aber auch »Kreative Ferientage mit echten Indianern« und praktischen Übungen und bedauert eigentlich nur noch, dass es noch nicht zu einem richtigen Indianischen Freilichtmuseum reicht.

Da kann das berühmte Karl-May-Museum in Dresden-Radebeul nicht mithalten – aber das ist ja auch »nur« Karl May und seiner Sammlung gewidmet. Dort freilich findet der wahre Liebhaber von Kuriositäten ein Paradies, von dem Turned Apple nur träumen kann. Dort steht die berühmte Silberbüchse Winnetous, mit ihren silbernen Nägeln auf dem Schaft, wer kennt sie und ihren sonoren Klang nicht. Dort kann man den Bärentöter sehen, jene schwere Büchse, eine halbe Kanone, mit der man noch aus erstaunlichen Ent-

Und richtige Schießeisen dürfen dabei auch nicht fehlen.

fernungen totsicher Bären erlegen kann. Da ist der wundersame Henrystutzen, mit dem man tausendmal schießen konnte ohne zu laden – also gerade eben 25-mal.

Wer fragt da schon, wieso sie überhaupt dort ausgestellt sind. Was haben wir Jungs nicht geheult, als Winnetou starb und auf seinem Rappen sitzend in die ewigen Jagdgründe enteilte und mit ihm die Silberbüchse, stolz auf den Schenkel gestützt. Karl May hat es ja beschrieben. Wieso steht sie jetzt in Radebeul? Oder der urige Bärentöter, der nie im Wilden Westen war, weil Karl May ihn 1896 in Deutschland überhaupt erst bauen ließ, um sich mit »seinen« Waffen fotografieren zu lassen.

Da geht es bei Turned Apple schon ehrlicher zu: Was da zu sehen ist, ist echt, das ist der Wilde Westen, das ist Amerika im 19. Jahrhundert. Man kann sich natürlich schon fragen, ob so etwas noch unter kurios gehört. Die Tatsache, dass ein Indianermuseum, und dann gar noch das größte Westernmuseum seiner Art in Deutschland, ausgerechnet im Schwäbischen heimisch geworden ist, kann es ja wohl allein nicht sein. Ein Völkerkundemuseum ist ja auch per se kein Kuriosum.

Aber wer will da kleinlich sein. Das Spaßvergnügen an einer an sich ernsten Sache, liebevoll dargeboten und von vielen goutiert rettet's allemal.

Howgh! Ich habe gesprochen.

Indianermuseum, Steinzeugstraße 33–35, 75015 Bretten-Diedelsheim, Telefon (0 72 52) 96 57 58 oder (01 74) 2 58 74 63, www.indianermuseum-bretten.de; geöffnet: April bis Sept. Di–So 14-18 Uhr, Okt. bis März Sa, So, feiertags 14–17 Uhr, Gruppen nach Vereinbarung.

Notabene: In Bretten befindet sich auch das Schutzengelmuseum. Die Lagebeschreibung beider Museen und des Melanchthonhauses finden Sie beim Schutzengelmuseum.

DAS SCHUTZENGELMUSEUM IN BRETTEN

Wenn das nicht geballte Symbolik ist: Das Schutzengelmuseum wurde in Bretten am 2. Oktober 2007 – im katholischen Kalender der »Tag des Heiligen Schutzengels« – und selbstverständlich nicht irgendwo, sondern am Engelsberg eröffnet.

Was sich da zusammengefunden hat, ist eine reichhaltige, wenn auch keine systematische Sammlung von Schutzengeldarstellungen aus verschiedenen Religionen und Jahrhunderten: Holzschnitte, Kupferstiche, Stahlstiche, Farblithographien, Ikonen und bunt-kitschige Ölschinken, dazu schauerlich schöne Schutzengel aus Porzellan, Gusseisen und Plastik. Alles zusammen ebenso rührend wie kitschig, so zu Herzen gehend wie lächerlich, so ernstgemeint wie danebengegangen.

Auch wenn die Bibel selbst keinen »Schutzengel« kennt: Das Schutzengelmotiv hat seinen durchaus seriösen Ursprung im Andachtsbild der Nazarener, seinerzeit freilich eine Spottbezeichnung für die Künstler einer Kunstrichtung des 19. Jahrhunderts, die eine Reform der Kunst auf religiöser Grundlage anstrebte, indem sie Kunst und Ethik verband. Heraus kam dabei freilich eine oft krasse Mischung aus Realismus und sentimentaler Mystik.

Und wer kennt nicht solche Bilder aus Omas und Uropas Zeiten, diese Mischung aus Kunst, Kitsch und Rührung. Klassiker sind die Schutzengel mit den riesigen Flügeln, die ein kleines Mädchen beim Abendgebet im Eisenbettchen schützen und bewachen, oder das herzige Kinderpaar, das über einen brüchi-

Erkenntnis aus Bretten: Schutzengel wachten über die Soldaten im Feld ...

gen Steg läuft oder, noch schlimmer, an einem Abgrund Schmetterlinge fängt und von einem majestätischen Schutzengel gerade noch gerettet wird – im Querformat überm Bett im Schlafzimmer oder als rundes, sogenanntes Ofenrohrbild, bestens geeignet, im Sommer das Loch in der Wand zu verdecken, wo im Winter das Ofenrohr in den Kamin gesteckt wurde.

Schutzengel für alle Lebenslagen wie Konfirmation oder Kommunion, aber auch, hier in einer Sondersammlung gezeigt, Schutzengel im Ersten Weltkrieg, die auf Feldpostkarten über den Soldaten schweben, die den Feind angreifen: »Des Kriegers Schutzengel, im Felde steht er Dir bei« – bis hin zu den Schutzengeln, die sich, selbst hilflos, über tote Soldaten beugen ...

Ein Museum, das kindliche Sehnsüchte weckt und an das Schutzbedürfnis des Menschen erinnert, ein Museum, das eigentlich ernst gemeint ist, aber allein schon wegen des unvermeidlichen Kitsches kuriose Züge hat. Ein Museum jedenfalls, das man anders durchwandert und verlässt als ein Fingerhutmuseum oder das Karree Hundertwasser. Vielleicht, dass man in Zukunft wenigstens manchmal nachdenklich wird nach dem Rennfahrermotto: »Fahre nie schneller, als Dein Schutzengel fliegen kann.«

... Schutzengel behüteten die Ehepartner ...

Deutsches Schutzengelmuseum im Stadtmuseum Schweizerhof, Eingang Engelsberg 9, 75015 Bretten, Telefon (0 72 52) 97 28 00, www.bretten.de; geöffnet Sa, So, feiertags 11–17 Uhr und nach Vereinbarung (ab 10 Personen, Anmeldung unter (0 72 52) 58 37 10, schweizerhof.bretten@t-online.de).

Notabene:

1) Das Brettener Stadtmuseum Schweizerhof befindet sich in einem 300 Jahre alten Fachwerkgebäude, dessen Zugang zur Gaststätte in der Melanchthonstraße in der Fußgän-

■ **... und Schutzengel bewahrten die Kinder vor allem Übel.**

gerzone liegt. Der Zugang zum Museum wiederum befindet sich auf der Rückseite des Gebäudes im Engelberg 9 und kann mit dem Auto angefahren werden. Da das Parken vor dem Museum nicht gestattet ist, sollte man sich dort schnell die Anfahrt zum nächsten Parkplatz zeigen lassen. (Von der Melanchthonstraße aus kann man rechts von der Gaststätte das Museum auch zu Fuß über Treppen erreichen.) Hinweis: Die Räume des Schutzengelmuseums selbst sind im Ober- und Dachgeschoss des Hauses nur über Treppen zu erreichen, die für Gehbehinderte beschwerlich sein können.

2) Das etwa einen Kilometer entfernte Indianermuseum erreicht man von da aus über die Melanchthonstraße (L 1103) am besten per Wagen. Man fährt die Melanchthonstraße Richtung Diedelsheim, wo es außerhalb des Wohngebietes rechter Hand in der Steinzeugstraße Ecke Diedersheimer Höhe in einem Bauernhof liegt. Auf Schild »Indianermuseum« achten.

3) Das Melanchthonhaus samt Denkmal befindet sich am Brettener Markt und in der Melanchthonstraße 1. Vom Schutzengelmuseum folgt man daher einfach den sinkenden Hausnummern der Melanchthonstraße.

TILMAN RIEMENSCHNEIDER UND DIE ZUNFT DER FINGERHÜTER ODER: DAS FINGERHUTMUSEUM CREGLINGEN

Ich will es gern zugeben: Wir sind schon ein paarmal nach Creglingen gewallfahrtet, um den weltberühmten Tilman-Riemenschneider-Altar anzusehen. Nie aber um schräg gegenüber der Kapelle eine andere Rarität zu bewundern, nämlich das weltweit einzige Fingerhutmuseum.

Hier also die Reue-Wallfahrt: Das Museum ist mit seinen mehr als 3000 Fingerhüten aus zweieinhalbtausend Jahren schon eine recht spezielle Kuriositätensammlung eines simplen Arbeitsgerätes. Das alles nur, um sich beim Nähen nicht die

Creglingen ist wegen des berühmten und reich verzierten Riemenschneider-Altars allüberall bekannt.

Finger zu zerstechen. In der Steinzeit waren sie aus Knochen und Stein, später aus Bronze und Porzellan oder Silber, liebevoll geformt, phantasievoll bemalt, oft kleine Kunstwerke en miniature, obwohl allesamt nur ein harmloses Nähkästchenutensil.

Aber wer ahnt schon, was für Erfindergeist, Mühsal und Intrigen dahinter steckten. Überhaupt erst mal so kleine Hütchen für einen Finger aus dem Material zu formen, deren Metall nicht abfärbte, deren Material nicht zersprang und die außen herum so rau waren, dass die Nadeln nicht abrutschten. Das konnte nicht jeder, dazu bedurfte es eigens der Zunft der Fingerhüter, mit Lehrlings-, Gesellen- und Meisterordnung. Die Stadt Nürnberg hielt sogar ein Monopol und verbot ihren Fingerhütern daher, die Stadt zu verlassen, um das Geheimnis der Metalllegierung nicht nach außen zu verraten.

Das ging 200 Jahre lang gut, bis Kaiserin Maria Theresia sich darüber ärgerte, dass sie die Fingerhüte immer in dem Land kaufen musste, gegen das sie Krieg führte. Sie schickte also ihre Spione nach Nürnberg und ließ die Fingerhüter in Strohwagen aus der Stadt schmuggeln. In Wien erhielten sie alle ein eigenes Haus mit Vorgarten, in der Wiener Neustadt wurde eine

Andere Sehenswürdigkeiten präsentieren sich im Fingerhutmuseum.

Manufaktur gebaut – und das Problem war gelöst.

Der wahre Fortschritt aber kam im 19. Jahrhundert, genauer 1825, aus Schorndorf bei Stuttgart. Der Silberarbeiter Johann Ferdinand Gabler, der Sohn eines Schorndorfer Schneidermeisters, hatte ein Jahr zuvor auf seinen Fingerhut ein königlich-württembergisches Patent erhalten. Ihm war eine Methode eingefallen, auf einfache Weise an den

■ **Über 4000 Exponate geben Einblick in die vielfältige Welt der Fingerhüte.**

Seiten die Vertiefungen ins Metall zu schlagen, damit die Nadeln nicht abrutschen konnten. So entstand in Schorndorf die größte Fingerhutfabrikation der Welt. Gebrüder Gabler produzierten über 4000 verschiedene Silberfingerhüte in 18 Größen, allein nach Russland ging jeden Monat ein Waggon voll.

Das ging 140 Jahre lang gut. Dann starb die Familie Gabler aus, und ehe der Nachfolger das Werk übernehmen konnte, brannte es ab. Erhalten blieb die Sammlung an Fingerhüten der verschiedensten Art. 1982 wurde daraus dann das Fingerhutmuseum in Creglingen, das mit seinem Fingerhut-Kunsthandwerk dem Besucher einen lehrreichen Zeitvertreib bietet. Wer Lust hat, kann im Museumsladen die köstlichsten Nachbildungen kaufen oder gar Mitglied im Fingerhut-Verein werden und dann gegenüber bei Tilman Riemenschneider in eine andere Welt eintauchen. Es lohnt sich.

Fingerhutmuseum, Kohlesmühle 6, 97993 Creglingen, Telefon (0 79 33) 3 70, fingerhutmuseum@web.de, www.fingerhutmuseum.de; geöffnet: April bis Okt. Di–Do 10–12.30 und 14–17 Uhr, Nov. bis März Di–So 13–16 Uhr.

WARTHAUSEN UND SEIN KNOPFMUSEUM

Bei Gott ist kein Ding unmöglich, habe ich als Kind gelernt. Auf meine alten Tage kann ich bestätigen, dass der Spruch zumindest gelegentlich zutrifft. Ein Beispiel: Da konnte Georg Michael Frank, der voreheliche Sohn des Grafen Stadion, mit seiner Frau Sophie La Roche, einer Biberacher Bürgerstochter, und seiner quirligen Tochter Maximiliane, der späteren letzten Äbtissin des Buchauer Damenstifts, lexikonwürdige Herren wie den Maler Johann Heinrich Tischbein (»Goethe in Italien« ...) und den Biberacher Pfarrerssohn, Dichter und Shakespeare-Übersetzer Christoph Martin Wieland nach Schloss Warthausen holen – und nichts geschah.

Die Ortschaft Warthausen im Landkreis Biberach war damals so unbekannt wie in unseren Tagen

Der ehemalige Bahnhof von Warthausen ist jetzt Knopfmuseum.

Im Knopfmuseum dreht sich alles um die meist runden Scheibchen mit den vier Löchern.

bis zum Jahr 1999, trotz Abwasserzweckverband, beheiztem Freibad und Tierkörperbeseitigung. Heute jedoch steht Warthausen mit seinen nicht mal 5000 Einwohnern sogar im Guinnessbuch der Rekorde. Wir verdanken das der Firma »Knopf & Knopf« aus der Nachbargemeinde Schemmerhofen, die mit der Berlinerin Monika Meinlschmidt, einer studierten 50-jährigen Sozialpädagogin, darauf verfiel, zusammen mit einer ihrer beiden Töchter im leerstehenden Bahnhofsgebäude von Warthausen auf drei Stockwerken ein Knopfmuseum mit 5000 Exponaten aus den letzten 4000 Jahren ins Leben zu rufen.

Das freilich wäre spurlos an den Guinnessleuten vorbei gegangen, was sind schon 5000 Knöpfe. Aber dass auf einmal vor dem Bahnhofsgebäude als dezenter Hinweis auf das Museum ein fünf Meter hoher Knopf steht, schön bunt angemalt und für die Ewigkeit aus Beton gegossen, das war zuviel. Der größte Knopf der Welt war guinnessreif, Warthausen trat ins Licht der Weltöffentlichkeit.

Aber im Ernst. Wenn auch der Betonknopf, Biergarten mit Knopfgastronomie und ein »Erlebnishotel« mit acht jeweils in verschiedenen Epochen eingerichteten Zimmern (so das Cheopszimmer in einer Pyramide) eher in einen Vergnügungspark passen, bleibt noch genug seriöses Museum übrig.

Wer sich jetzt auf Dutzende von Vitrinen einrichtet, in denen mit dem einschläfernden Charme gleichaussehender antiker Speerspitzen 5000 vorwiegend runde Knöpfe zu sehen sind, wird freilich enttäuscht. Hier, in diesem »multimedialen Museum« lernt man spielend.

Die Geschichte des Knopfes lernt man hier zum Beispiel in einem »Zeittunnel« kennen, der vom ältesten, fast 4000 Jahre alten Knopf aus der »Glockenbecherkultur« zu den Kreuzfahrern führt, die im 12. Jahrhundert den Knopf in Europa einführten. Man sieht und erfährt, wie der reine Nutzgegenstand »Knopf« im 16. und 17. Jahrhundert auch zum Statussymbol wird. Mit Gold, Silber oder gar Edelsteinen geschmückt, zeigt er Macht und Reichtum an.

In einer Schatzkammer werden besonders ausgefallene Knöpfe gezeigt, Knöpfe aus Elfenbein, Bernstein oder, man möchte es gar nicht glauben, Knöpfe aus englischer Braunkohle. Hier findet sich auch der größte Knopf im Museum, ein südindischer Hochzeitsknopf.

Im zweiten Stockwerk zeigen dann Piraten, Eisenbahner, Postbeamte, aber auch Schornsteinfeger, Prälaten und Heeresflieger ihre typischen Köpfe und erzählen Geschichten dazu – wie überhaupt alle Mittel erlaubt sind bis hin zu munteren Videoclips –, um Geschichte, Aussehen und Entstehen von Knöpfen über die Zeiten hin plastisch vorstellbar zu machen. So fehlt auch nicht eine originalgetreu aufgebaute alte »Knopfwerkstatt«, neben der man im Kontrast die Herstellung von Knöpfen auf modernen Maschinen sehen kann.

PS: Warthausen hat, wenn nun auch ohne Bahnhof, seit 1996 als zweite Attraktion,wenigstens eine Schmalspur-Museumseisenbahn, das »Öchsle«, das von Mai bis Oktober an Wochenende auf der Strecke Warthausen–Ochsenhausen verkehrt und die 19 Kilometer lange Strecke glatt in einer Stunde bewältigt. Information, Platzreservierungen und Buchungen von Sonderfahrten über das Städtische Verkehrsamt Ochsenhausen, Marktplatz 1, Telefon (0 73 52) 92 20 26, stadt@ochsen hausen.de

Knopfmuseum, Museumsgässle 1, 88447 Warthausen, Telefon (0 73 51) 18 93 40, museum@knopfundknopf. com, *www.knopfundknopf.de; Öffnungszeiten: Di–So durchgehend 10–18 Uhr; Preise: Erwachsene € 3,80, Rentner, Schüler, Studenten € 2,80, Familienkarte € 10,20, Gruppen ab 10 Personen € 3,00 (pro Person), Kinder bis 6 Jahren frei, Führungen bis 25 Personen € 20,10. (Die seltsam krummen Preise entstehen dadurch, dass jeder Besucher auf diese Weise € 0,25 an die Deutsche Krebshilfe spendet. In zehn Jahren konnten bereits mehr als 100 000 Euro überwiesen werden.)*

DAS VERSCHWUNDENE GLÜCKSSCHWEINMUSEUM IN BAD WIMPFEN

Das waren noch Zeiten. Wenn man in Bad Wimpfen zur staufischen Kaiserpfalz mit Blauem Turm, Rotem Turm, Pfalzkpelle und Steinhaus, mit Wehrgängen, schmalen Gassen und hoppeligen Plätzen hinaufstapfte, stieß man nahezu unweigerlich, hier, wo es keiner erwartet und keiner sucht, auf das einzige Glücksschweinmuseum in Europa, wenn nicht gar des Universums.

Man musste nur Ausschau halten nach einem Schaufenster mit lauter kitschigen Schweinchen und schon stand man zwischen 10 000 Exponaten rund ums Schwein. Genauer gesagt: 9950 Stück, ausgestellt, lebensgroß oder im Sparschweinformat, in den unwahrscheinlichsten Kostümen und Funktionen sowie nach diversen Aspekten, etwa »Das Schwein in der Kunst«. In acht Räumen ein Mekka für den Glücksschweinefan und Kitschliebhaber.

Kurioserweise ein Museum rund um eine Redensart, deren Ursprung nicht einmal eindeutig geklärt ist. Wieso habe ich Schwein, wenn ich unvermutet Glück habe? Manche meinen, es hinge damit zusammen, dass bei den germanischen Völkern der Eber ein heiliges Tier war, das für Wohlstand und Reichtum stand. Auch im Mittelalter galt der Besitz eines Schweines als Glück, denn es war leicht zu ernähren, vermehrte sich rasch und ernährte die Familie. Gängiger und üblicher ist eher die Deutung, dass bei Wettbewerben im Mittelalter der Letzte als Trostpreis ein Schwein bekam, hatte also »Schwein«, indem man den Spottpreis in einen Glückspreis uminterpretierte.

Unzählig auch die Götter in verschiedenen Religionen, denen Schweine als heilig galten und geopfert wurden. Doch was das mit einem »Glücksschwein« oder »Sparschwein« zu tun haben soll, bleibt unerklärt. Aber lassen wir uns den Spaß nicht durch Grübeln verderben, nehmen wir das Ganze als einen der vielen Versuche, Gedanken und Begriffe ins Optische zu übersetzen und seinen Spaß damit zu haben.

Aber Vorsicht: Die Schweine sind umgezogen und befinden sich seit dem 1. Mai 2010 im Stuttgarter Osten und zwar, wie sich das für Schweine gehört, im alten Schlachthof beim Gaskessel. (So wie auch das bisher ebenfalls in Wimpfen angesiedelte Schutzengelmuseum vor einiger Zeit still und heimlich nach Bretten »geflattert« ist, und da passenderweise zum Engelsberg.)

Also nicht mehr Bad Wimpfen, wo dieser Saustall 1988 mit gerade mal 10 000 Exponaten angefangen hatte, sondern Stuttgart mit über 37 000 Ausstellungsstücken, und nicht mehr lächerlichen acht Räumen sondern 25 Themenräumen auf 600 Quadratmetern und zwei Stockwerken, voll mit Schweinkram rund ums Thema, ganz gleich ob Wildschwein oder domestiziert, ob Sparschwein oder Kuscheltier, ob Kitsch oder echte Rarität.

Aber was bisher ein wonniges originelles Glücksschweinmuseum war, ist jetzt, o Jammer, nichts weiter als ein ganz normales Schweinemuseum mit komischem Anhang: Geschichte des Schweines, Domestizierung, Zucht, Forschung und Entwicklung des Schweines, ausgestorbene und bedrohte Rassen, dazu begehbare Weltkarten mit Informationen zur Schweinewelt, Saal um Saal und schließlich gar, wie lustig, ganz am Schluss einen Schweinetresor mit hunderten von Sparschweinen, auf Regalen vom Boden bis zur Decke, lieblos aufgereiht wie Bücher, dass man schon nach drei Schritten müde wird und den Spaß verliert.

Wenn Sie Schwein haben, macht es Ihnen vielleicht sogar doch Spaß. Wie schon der Slogan des Museums sagt: »Einzigartig und saugut.« Eine Kuriosität ist es aber nicht mehr.

Früher noch im pittoresken Bad Wimpfen, heute im Stuttgarter Schlachthof: das Schweinemuseum

Schweinemuseum, Buschlestraße 2a, 70178 Stuttgart, Telefon (07 11) 61 72 76, info@schweinemuseum.de, www.schweinemuseum.de; geöffnet April bis Okt. täglich von 10–17 Uhr, Nov. bis März nur an Wochenenden und Feiertagen.

Nützlich zu wissen: Das Museum befindet sich im Stuttgarter Osten im 1. und 2. Stock des renovierten ehemaligen Verwaltungsgebäudes des Stuttgarter Schlachthofes in der Nähe des Gaskessels. Im Erdgeschoss betreibt Michael Wilhelmer, der Sohn des Museumsbesitzerin, ein Restaurant mit Biergarten.(Übung hat er: Er ist der Pächter eines der drei größten Wasenzelte, des Schwaben-Bräu-Zeltes.)

FEIERABENDZIEGEL AUS BAD HERRENALB

Man muss nicht wissen, was Feierabendziegel sind, auch wenn's dazu gleich ein ganzes Museum gibt. Also: Feierabendziegel sind ohnehin ein Verlegenheitswort und bezeichnen an sich normale Dachziegel, von denen damals ein »Ziegler« in langen Arbeitsstunden pro Tag 800 bis 1000 herstellen musste. Der Unterschied ist nur der, dass »Feierabendziegel« eingeritzte Texte, Bilder oder Figuren aller Art aufweisen, die der Ziegler offensichtlich zur Entspannung nach getaner Arbeit und zu seinem Pläsir am Feierabend herstellte.

Offenbar ein alter Brauch: Der älteste nachgewiesene verzierte deutsche »Feierabendziegel« stammt aus dem Jahr 1453 und wurde in Bad Herrenalb gefunden, wo denn auch folgerichtig im Jahr 2006 das erste Feierabendziegelmuseum mit rund 180 Exponaten eröffnet wurde. Freundliche Geister führen einen hier durch die Räume und man erfährt, wie überhaupt Ziegel gemacht, das heißt »gestrichen«, getrocknet und gebrannt werden. Vor allem aber sieht man all die Feierabendziegel im Original und kann sich seine Gedanken machen, was Sinn und Zweck dieser seltsamen Feierabendbeschäftigung war.

Es ist ja recht und billig, dass einer im Jahr 1868 auf einen Ziegel schreibt: »Johann Jakob Zimmermann ist schon fünf Jahre bei Martin Kober in Dienst.« Das ist ein normales Dienstzeugnis wie es das heute noch gibt. Nur: Was bringt es, wenn dieses Dokument dann für jedermann unzugänglich auf einem Dach »abgelegt« wird, als wenn das ein Büro-Ordner wäre? Was haben dort Quittungen, Rechnungen und boshafte Sprüche zu suchen wie: »Wer das Trinkgeld thut vergessen, den soll gleich der Teufel fressen.« Oder Weisheiten wie: »Schnipp, schnapp und der Lebensfaden ist ab«?

Interessanter sind da schon figürliche Darstellungen. Harmlos einfach Kinderpatschhändchen oder Linien und Muster, die mit den Fingern über den Lehm gezogen sind. Kunstvolle Ornamente und Muster, mit einer Art Kamm in die Ziegel gedrückt, und schließlich: bedenkliche Strichmännchen, bei denen höhere Töchter zumindest früher verschämt kichernd und errötend weggeguckt hätten.

Eine Feierabendkunst besonderer Art findet sich bei anderen Dachziegeln, nämlich bei solchen, die nicht geritzten, sondern plastischen Figurenschmuck aufweisen, also etwa Hähnen, den Kopf gereckt und den Schwanz buschig gespreizt. Der

Hahn als Wächter, aber auch als magische Abwehr, denn nicht umsonst fürchtet man sich vor dem roten Hahn. Indem man ihn absichtlich und bewusst aufs Dach stellt, hofft man den roten Hahn und das Feuer geradewegs zu vertreiben.

Das ist nicht der einzige Abwehrzauber. So, wie in Kirchen an manchen Stellen fratzenhafte Köpfe und Spukgesichter aus den Mauern ragen, so brachte man auch Dachziegel mit abstrusen Tierkörpern und Gesichter auf die Dächer und es war der Phantasie der Ziegler überlassen, was sich da, von untern meist unsichtbar, an Schrecknissen auf den Dächern versammelte. So nah wie hier im Museum hat man sie damals jedenfalls nie gesehen.

Ort recht eigentümlicher, aber durchaus interessanter Exponate: das Herrenalber Feierabendziegel-Museum

■ **Hier finden sich Feierabendziegel jedweder Art und Gestaltung.**

Museum Bad Herrenalb, Feierabendziegel, Im Kloster 2, 76332 Bad Herrenalb, Telefon (0 70 83) 50 05 55 und 52 68 11, info@museum-bad-herrenalb.de, www.museum-bad-herrenalb.de; Öffnungszeiten: April bis Okt. sonntags 14–17 Uhr, Mai bis Okt. zusätzlich mittwochs 14–16 Uhr.

Wenn man von Dobel kommt: Im Kreisverkehr Herrenalb zweite Ausfahrt nehmen, gleich links in den Parkplatz einbiegen und dort wieder gleich links in eine Sackgasse. Man steht jetzt praktisch neben dem Museum, das sich links an einem Weg befindet, der zu einem Portal in einem Haus führt. Es ist ein gemütliches Wohnhaus mit einem Holzbalkon über dem Eingang.

Schräg gegenüber dem Museum steht ein steinerner Mönch auf der Wiese und rechts davon befindet sich das Kriegerehrenmal. Und wieder rechts davon sieht man eine Ruine. Es ist das andere Kuriosum in Bad Herrenalb: die Kirche mit dem Baum auf der Mauer. Geht man an der Ruine vorbei (rechts ist eine Grundschule), stößt man auf die »Klosterscheuer«, die für den Erhalt und die Wiedererweckung der Lebensgeister wichtig und daher gern besucht ist, zumal man da angenehm sitzt und ohne Reue satt wird.

AUF DEN KOPF GETROFFEN: DAS NAGELMUSEUM IN LÖCHGAU

Niemand käme auf die Idee, diesen Gegenstand an einem Kettchen um den Hals zu hängen oder als Schmuckstück auf den Fernseher zu stellen. Es ist ein vollkommen prosaischer Gegenstand, meist unansehnlich und hässlich, ein reiner Gebrauchsgegenstand ohne alle ästhetischen Ansprüche.

Aber merkwürdig: Nur wenige Gegenstände des täglichen Lebens tauchen so häufig in Redensarten und Sprichworten auf wie er, so wenn man eine Sache aufgibt und »an den Nagel hängt«, wenn man recht hat und »den Nagel auf den Kopf trifft«, wenn man Erfolg hat und »Nägel mit Köpfen macht«. Im Gegensatz zum Begriffsstutzigen, der schlicht und einfach »vernagelt« ist, bis hin zur Nervensäge, die der »Nagel zum meinem Sarg« ist. Oder umgekehrt und eher für die

■ **4500 Nagelsorten und unzählige Nagelkunst-Objekte bietet das Löchgauer Nagelmuseum.**

reifere Jugend, wenn einer einen Nagel einhaut und eine Weile später womöglich ein nagelneues Kind geboren wird. (Von dem harmlosen Doppelgänger »Fingernagel« ganz abgesehen: wenn einem was »auf den Nägeln brennt«, wenn man sich etwas unter den »Nagel reißt« oder ungeduldig an selbigen kaut.)

Kurz: Es handelt sich um ein höchst kurzweiliges Museum mit tausenden verschiedener Nägel, vom Hufeisen und Schuhnagel bis hin zu Nagel-Bildern, über Sitzkissen für Fakire, Plastiken aus Nägeln, Nagelkreuzen, Nagelscheiben und Kuriositäten aus aller Welt, die einem bei der Führung sachkundig erklärt werden. Die Frage ist nur: Welcher Narr sieht den Sinn seines Lebens darin, all diese Nägel zu sammeln und warum? Die Antwort ist einfach und klingt ganz vernünftig. Der Grundstock dieses Museums waren die über 4500 verschiedenen Nagelsorten der Firma Röcker, die sie über hundert Jahre lang bis 1976 in Löchgau selbst produziert und gesammelt hat.

Keine Frage: Hier steht der Nagel im Zentrum.

Angefangen hatte es mit dem Mühlenmechaniker Ernst Conrad Röcker, der 1871 in einem Schuppen in Löchgau per Mühlrad und Maschine aus Bandstahl so genannte Schwielen zum Besohlen von Schuhen herstellte. Sie sollten den schnellen Verschleiß von Sohlen und Absätzen verhindern. Wir kennen sie heute als Schuhnägel und Schuheisen.

Sein jüngerer Bruder Wilhelm machte sich 1876 mit einer richtigen Nagelmaschine selbständig und konnte drei Jahre später seinen Einmann-Betrieb sogar erweitern. Er stellte einen Arbeiter ein, der, man liest es mit Schrecken und ungläubigem Staunen, täglich von 5 bis 19 Uhr mit einer einstündigen Mittagspause und zwei weiteren kleinen Pausen arbeitete und dafür den ortsüblichen Tageslohn von 1,50 Mark erhielt ... 1904 arbeiteten dann an die hundert Personen in zwei Schichten, es ging

Alte Musterkoffer verdeutlichen das Nagelsortiment von einst.

aufwärts und die Firma fertigte insgesamt 4695 verschiedene Nagelsorten.

1974 brauchte kein Mensch mehr Schuhnägel und die Baubranche stieg auf Schrauben um. Die Fabrik verschwand, das Museum entstand durch die Initiative eines Arbeitskreises, und man staunt, wie unterhaltsam Nägel sein können, wenn man sich im Handwerk, in Kunst und Werbung umsieht. Winzige, mit Städtebildern oder christlichen Motiven bemalte Nägel dieser Kuriositätensammlung haben es sogar ins Guinnessbuch der Rekorde geschafft, während zwei riesige, blau angemalte Nägel am Kreisel zwischen Besigheim und Löchgau schon von Ferne auf das Museum hinweisen.

Nagelmuseum Löchgau, Jakob-Löffler-Schule, Schulstraße 2, 74369 Löchgau (bei Besigheim). Ab Herbst 2010 in neuen Räumen: Obere Straße 8, 74369 Löchgau; Öffnungszeiten nach Vereinbarung, Telefon (0 71 43) 27 09-0 (Rathaus), Gruppenführungen auch abends.

Beck-Dülmen – Denker in dunkler Zeit

Zu guter Letzt ein Kuriosum, das man zwar zeitlich einordnen und beschreiben, aber nur vage lokalisieren kann.

Es begann am 9. März 1984 mit einer nächtlichen Diskussionsrunde im Fernsehen, als der baden-württembergische Ministerpräsident Dr. h. c. Lothar Späth, der bekannte Tübinger Rhetorik-Professor Walter Jens und der Musikprofessor und Generalintendant Wolfgang Gönnenwein unter Leitung des Fernsehdirektors des Südwestfunks, Dieter Ertl, sich gemeinsam an den Arzt, Philosophen und Musiker Rudolph Beck-Dülmen (1885-1956) erinnerten und von ihm erzählten.

Auf den Buchwochen vor Weihnachten 1984 hatte man dem zu Unrecht Vergessenen sogar eine Vitrine eingerichtet und persönliche Gegenstände Beck-Dülmens ausgestellt. Ich erinnere mich zum Beispiel noch an seine altmodische Hornbrille.

Es war der Beginn einer wahren Flut von Erinnerungen an den philosophischen Musikerarzt, die plötzlich losbrach. Um seinen Geburtsort stritten sich am Ende sieben Städte, wobei heute festzustehen scheint, dass seine Wiege in Stuttgart-Kaltental stand.

Ich selbst hatte damals Gelegenheit, in den Schallarchiven des Süddeutschen Rundfunks nachzuforschen, einige seiner reiferen Gedichte zu entdecken und sie in einer literarischen Sendung dem öffentlichen Bewusstsein zurückzugeben. Die Stuttgarter Zeitung ihrerseits hatte sogar ein Foto von einer Massenveranstaltung ausgegraben, auf dem Beck-Dülmen, wenn auch nur klein und von hinten, zu sehen war. Jedenfalls wies ein Pfeil eindeutig auf eine Figur in der Menge.

Schließlich erschien im April 1985, also just hundert Jahre nach seiner Geburt, im Drumlin Verlag in Weingarten die bebilderte Biographie »Rudolph Beck-Dülmen – Denker in dunkler Zeit« von Dieter Käfer, die neben vielen biografischen Einzelheiten zahlreiche Details aus seinem künstlerischen und wissenschaftlichen Schaffen in Erinnerung brachte. Zum Beispiel Beck-Dülmens geniale Entdeckung der Tatsache, dass zwischen den hörbaren Tönen unhörbare »Glühtöne existent sind, die ganz eigenwillige Kompositionen wie etwa die erst postum aufgefundene ›Kaltentaler Elegie‹ ermöglichen«. Oder man erfährt von seinen wissenschaftlichen Schriften wie etwa dem Aufsatz aus dem Jahre 1910 »Über die Psychopathologie der Pupertätsepilepsie« oder den musiktheoretischen Aufsatz »Ein fehlender Ton in einer Fuge von Johann Sebastian Bach« von 1938.

Das Jahr 1950 wurde für den 65-Jährigen zum Schicksalsjahr. Bei einem Mozart-Konzert in Stuttgart hatte er die wohl bekannteste Harfenistin Europas, Fee von Clausener, kennen und lieben gelernt. Sie war eine aus Bielefeld stammende Angehörige eines verarmten ostwestfälischen Adelsgeschlechts und 35 Jahre jünger als Beck-Dülmen, was seiner tiefen Zuneigung aber keinen Abbruch tat. Sie war für ihn »Gestalt gewordene Musik« und die »Verkörperung der Kunst als Frau, der fleischgewordene Ton«. Am Ende einer Europatournee, auf der er sie begleitet hatte, machte er der Geliebten einen Heiratsantrag, wurde aber abgewiesen.

Erst kürzlich aufgefunden: Originalausgabe von Beck-Dülmens »Kaltentaler Elegie«

Gebrochen und völlig verarmt kehrte er 1951 nach Stuttgart zurück, wo er sich in Kaltental ein karg möbliertes Zimmer nahm, in dem er, an Leib und Seele erkrankt, am 22. März 1956 starb.

Auch wenn es inzwischen ruhiger geworden ist um Rudolph Beck-Dülmen und streckenweise sogar grabesstill, so steht dieser oft zu Unrecht verkannte schwäbische Gelehrte und Künstler weiterhin in der Tradition ähnlicher Männer und Gestalten wie der Verfassungsjurist Friedrich Gottlob Nagelmann, der deutsche SPD-Politiker Jakob M. Mierscheid oder der allen Nachrichtenagenturen bekannte Diplomat Edmund F. Dräcker.

Ihnen allen gemeinsam ist, dass sie zwar eifrig zitiert und in Lexika ebenso ernsthaft abgehandelt werden wie etwa Loriots Steinlaus, dass es sie aber in Wirklichkeit nie gegeben hat. Der bekannte deutsche Diplomat Edmund F. Dräcker zum Beispiel ist eine Erfindung des real-existierenden Diplomaten Hasso von Etzdorf in der Deutschen Botschaft in Rom. Als von Etzdorf sich vor Zeiten einmal um eine langweilige Sitzung drücken wollte, verabredete er mit seinem Freund einen fingierten Anruf mit der Mitteilung, Ministerialrat Dräcker sei eingetroffen.

Da es sich als praktisch erwies, diesen Ministerialrat Dräcker auch sonst öfter auftauchen zu lassen, und man so auch höheren Orts auf den Herrn aufmerksam wurde, musste eine Biographie her, die dann auch im Jahr 2000 in der Nomos-Verlagsgesellschaft Baden-Baden unter dem Titel »Ministerialdirigent a. D. Dr. h. c. Edmund F. (Friedemann) Dräcker: Leben und Werk; vom kaiserlichen Vizekonzul zum indischen Guru« erschien.

Danach war Dräcker Nachfahre hugenottischer Einwanderer und mit Spezialaufträgen im Nahen Osten und dem indischen Subkontinent betraut. Er wurde am 1. April 1888 in Ostpreußen geboren, sein Vater war der Pfarrer Gotthilf Dräcker, die Mutter die Komtesse von Stoltze-Ohnezaster.

Nach 1985 war Edmund Dräcker kurz als Sonderberater der Europäischen Kommission in Brüssel für die Normierung von Seemannsgarn zuständig. Hauptsächlich ihm ist es auch zu danken, dass die früher weitverbreitete tierquälerische Praxis des Aufbindens von Bären in den meisten europäischen Staaten inzwischen verboten ist.

Seine Erfahrungen gab er übrigens an den SPD-Bundestagsabgeordneten Jakob M. Mierscheid weiter, einem 1933 in Rheinland-

Pfalz geborenen Urtyp des Hinterbänklers, der neben allgemeinen Sozialfragen und Problemen der Berufsausbildung seinen politischen Schwerpunkt in der Aufzucht und Pflege der geringelten Haubentaube sieht. Eine Abmahnung erhielt der Abgeordnete Mierscheid freilich im Jahr 2004 vom damaligen Fraktionschef Franz Müntefering, nachdem er Ulla Schmidt als Unwort des Jahres vorgeschlagen hatte.

Die dritte Lichtgestalt deutscher Politik ist der Verfassungsjurist Friedrich Gottlob Nagelmann (1889–1994), der seit Jahrzehnten auch in seriösen rechtswissenschaftlichen Publikationen erwähnt wird – wenn auch mit Augenzwinkern. Das »Who's who« der deutschen Staatsrechtslehre führt ihn als »Sachverhaltsbeauftragten insbesondere für mystische Sachverhalte« auf.

Andere verweisen auf die bekannte Nagelmannsche These, dass bei Rechtsvergleichen »Manches anders, manches genauso« ist, während wieder andere seinen autobiografischen Roman »Erlebnisse eines Forstadjunkten« (Winsen an der Luhe, 1940) hervorheben, der durch seine profunde, in Elternhaus, Studium und Berufstätigkeit erworbenen Kenntnisse und Beschreibungen des forstlichen Seins noch heute besticht.

Einen solchen Bekanntheitsgrad hat unser Rudolph Beck-Dülmen freilich nie erreicht, aber vergessen ist er deswegen nicht. Erst vor wenigen Jahren, 2005, hat Rainer Moritz, Chef des Literaturhauses Hamburg, im Börsenblatt des Deutschen Buchhandels wieder an ihn erinnert und beklagt: »Es ist ein Skandal der Nachkriegsgeschichte, wie rasch Beck-Dülmens vielschichtiges Werk ad acta gelegt wurde.«

Und so bleibt es bei dem Kuriosum: Keine Schule oder Straße ist nach ihm benannt, der mit Geistesgrößen wie Max Weber, Franz Kafka, Rudolf Steiner oder Sepp Herberger Umgang pflegte. Kein Gedenkstein erinnert an den Schöpfer der »Kaltentaler Elegie«, während ein Mann wie Eberhard von Etzel, der Erbauer der Weinsteige, seinen eigenen feierlichen Steinquader hat. Keine Matinee mit Lesungen aus dem Gedichtband »Harfenklänge«, den Sonetten für Fee von Clausener, keine Gedenkaufführung des »Te Deum«, diesem Nonett für Altstimme, Harfe und siebenstimmigem Blockflötenchor – nichts.